Brigitte Goßmann

Bewahrung der Schöpfung

Das Umweltbuch für die ganze Famile

KURZER „FAHRPLAN" FÜRS BUCH

Die Schöpfungsgeschichte im Alten Testament ist das Vorbild für dieses Buch. Jedem Schöpfungstag wird ein ganzes Kapitel gewidmet. Spirituelle Impulse namhafter Christinnen und Christen sowie Gebete bringen euch den Schöpfungsbericht aus Genesis 1,1−2,4 näher. Jedes Kapitel zeigt, unter welchen Problemen das, was Gott an den einzelnen Schöpfungstagen geschaffen hat, derzeit leidet: von Luft- und Wasserverschmutzung über aussterbende Tierarten bis hin zu den Schwierigkeiten der Globalisierung. Ihr findet viele praktische Hinweise, was ihr selber tun könnt, um der Natur zu helfen. Abgerundet wird jedes Kapitel mit Familienritualen, Umweltspielen oder Bastelanleitungen, die viel Spaß und Freude bereiten können.

Wir begleiten euch durch das Buch ...

... mit Tipps zum Umweltschutz,

... Vorschlägen für Familienrituale

... und Ideen für tolle Spiele und Aktionen.

Inhalt

LIEBE KINDER, ELTERN UND GROSSELTERN, LIEBE ERZIEHERINNEN UND ERZIEHER, LIEBE LEHRERINNEN UND LEHRER,

unsere natürlichen Lebensgrundlagen sind ein Menschheitsgut. Kein Begriff bringt ihren Wert besser zum Ausdruck als der Schöpfungsbegriff des Christentums. Unsere Schöpfung zu bewahren heißt, schonend und verantwortungsvoll mit der Natur umzugehen. Saubere Luft und sauberes Wasser, gesunde Böden und intakte Wälder sind nicht nur unverzichtbar für menschliches Leben, sondern auch die Grundlage, um arbeiten und wirtschaften zu können.

Damit auch unsere Kinder und Enkelkinder die Chance haben, ein lebenswertes Leben in intakten Ökosystemen zu führen, müssen wir unsere Wirtschaftsweise umstellen und unsere Ressourcen schonend behandeln. Wir müssen die erneuerbaren Energien stetig ausbauen und mehr Energie sparen, um das Klima zu schützen. Wir müssen unsere Verkehrssysteme so umstellen, dass wir die Umwelt weniger belasten, aber trotzdem mobil bleiben. Und wir müssen so produzieren und konsumieren, dass unsere natürlichen Ressourcen geschont werden und der Reichtum unserer biologischen Vielfalt nicht weiter verloren geht. Mir ist dabei wichtig, klarzumachen, dass es nicht in erster Linie um Verzicht geht, sondern dass darin eine große Chance für mehr Lebensqualität und auch für Wirtschaftswachstum steckt – weg von einem rein quantitativen Wachstum hin zu einem qualitativen Wachstum!

Der christliche Glaube verpflichtet uns, die Schöpfung zu bewahren. Aber dieser Glaube kann uns auch dabei helfen, die großen Aufgaben, die vor uns liegen, anzugehen – das vermittelt dieses Buch auf wunderbare Weise. Mit Spielen, Gebeten, Liedern, Ideen für Familienbräuche und konkreten Hilfestellungen lädt es dazu ein, umweltgerechtes Handeln in den Familienalltag einzubauen.

Ich wünsche allen viel Freude dabei, das Umweltbuch für die ganze Familie zu entdecken.

Dr. Norbert Röttgen
Bundesumweltminister

Es werde Licht!

Im Anfang schuf Gott Himmel und Erde; die Erde aber war wüst und wirr, Finsternis lag über der Urflut und Gottes Geist schwebte über dem Wasser.

Gott sprach: Es werde Licht. Und es wurde Licht. Gott sah, dass das Licht gut war. Gott schied das Licht von der Finsternis und Gott nannte das Licht Tag und die Finsternis nannte er Nacht. Es wurde Abend und es wurde Morgen: erster Tag.

Genesis 1,1–5

GEBET

Auf wundersame Art und Weise hast du, Gott, unsere schöne Erde geschaffen. Wir Menschen gehen nicht immer sorgsam und verantwortungsbewusst mit ihr um. Schenke uns die Einsicht, dass das Wunder deiner Schöpfung unser Lebensraum ist. Öffne uns für dieses Wunder die Herzen und die Augen, damit wir staunend lernen, sorgsam mit der Erde umzugehen. Amen.

Wunderbares Licht

Alles beginnt mit dem Licht. Die ersten Worte Gottes, die überliefert werden, sie lauten: „Es werde Licht!" Gott bringt Licht in die Finsternis. Und das Licht ist gut. Wir wissen es ja bis heute: ohne Licht kein Leben.

Dieser erste Schöpfungstag, er ist der erste Schritt hin auf ein ökologisch wunderbar aufeinander abgestimmtes System, ja auf ein Wunder. Wir haben oft das Staunen verlernt über dieses Wunder. Erst wenn uns Finsternis völlig einhüllt, bemerken wir etwa, welchen Schrecken sie verursachen kann.

Ich wohne in einer Stadt mit einer halben Millionen Einwohner. Wirklich dunkel wird es dort nie. Absolute Dunkelheit verursacht gerade Stadtmenschen schnell Panik, das erleben wir immer wieder etwa bei Stromausfällen. Ob wir das Staunen auch verloren haben, weil wir die Rhythmen der Schöpfung durchbrochen haben? Früher musste sich das Leben der Menschen auf Tag und Nacht einstellen, heute machen wir mal eben die Nacht zum Tag. Wenn es dunkel ist, drücken wir auf den Stromschalter. Wir verlieren dadurch einen Zugang zur Erfahrung von Licht als Wunder, Licht als Rhythmus, Licht als Lebenszusage, jeden Morgen neu. Morgenlicht leuchtet... Aber, wie der niedersächsische Gelehrte Lichtenberg einmal sagte: „Was nützt der schönste Sonnenaufgang, wenn man nicht aufgestanden ist?"

Der Erzähler der Schöpfungsgeschichte hat all seine naturwissenschaftliche Erkenntnis in diese Erzählung eingeflochten, sodass sie für ihn nicht im Widerspruch steht zu seinem Wissen. Ich denke, das ist bis heute so. Glaube und Wissenschaft sind für uns kein Gegensatz. Wir müssen nicht leugnen, was die Naturwissenschaft an Entwicklung der Welt erkennt und nachweisen kann. Und doch können wir glauben, dass Gott diese Entwicklung in Gang gesetzt hat.

Margot Käßmann

Woher kommt der Strom?

Um Strom zu erzeugen, wird in Kraftwerken Öl und Kohle verbrannt.

Dadurch entsteht Kohlendioxid (CO_2), das zwar gefiltert wird, aber immer noch sehr schädlich ist.

Eigentlich ist Kohlendioxid nicht giftig. Wir atmen ihn ständig aus. Cola, Limonade und Sprudelwasser enthalten auch Kohlendioxid.

Das Problem ist, dass bei den großen Mengen an Kohlendioxid (aber auch Methangas), die wir auf der Erde unnötig produzieren, eine dicke unsichtbare Schicht weit über uns am Himmel in der Atmosphäre entsteht. Die Sonnenstrahlen können zwar ungehindert die Erde erreichen, aber die Wärme der Erde kann nicht mehr so einfach ins Weltall entweichen.

Dadurch wird es immer wärmer auf der Erde. So entsteht ein Klimawandel. Die Eisberge fangen an zu schmelzen. Riesige Wassermassen könnten irgendwann tiefer gelegene Länder überschwemmen. Die Menschen müssten in höher gelegene Länder auswandern und viele Tierarten, wie Eisbären oder Pinguine, drohen auszusterben.

Was ist der Treibhauseffekt?

Die Atmosphäre ist die Lufthülle der Erde. Sie lässt Sonnenstrahlen zur Erdoberfläche gelangen. Aber sie hält einen großen Teil der auf der Erde abgestrahlten Wärme fest. So entsteht ein natürlicher Treibhauseffekt, bei der sich die Erde erwärmt.

Verursacht wird der Treibhauseffekt durch:

- **Kohlendioxid (CO_2)**
  Sein Anteil am Treibhauseffekt beträgt ca. 50 % mit einer jährlichen Emission von 25 Milliarden Tonnen.

- **Fluorchlorkohlenwasserstoff (FCKW)**
  Mit einem Anteil von ca. 22 % und einer Emission von 1 Million Tonnen. FCKW findet sich in Treibgasen, Kühlmitteln und Lösemitteln.

- **Bodennahes Ozon (O_3)**
  Bodennahes Ozon ist zu ca. 7 % am Treibhauseffekt schuld. Es ist schädlich für Menschen, Tiere und Pflanzen. Verursacht wird das bodennahe Ozon durch Autoabgase, Abgase der Industrie und Lösemittel.

- **Lachgas (N_2O)**
  hat einen Anteil von ca. 5 %. Es entsteht durch stickstoffreiche Nahrung in der Landwirtschaft und bei der Verbrennung von Biomasse und Kohle.

Wie viel Strom verbrauchen wir?

ENERGIESPAREN IM HAUSHALT

Schauen wir uns mal in unserem Haushalt um. Wo wird überall Strom benutzt? Kühlschrank, Waschmaschine, Trockner, Warmwassergerät, Fernseher, DVD-Player, Radio, Staubsauger, Computer, Lampen, Stereoanlage, Anrufbeantworter, Spielkonsolen usw.

   Auf allen Geräten steht eine Wattzahl.

   Ein Beispiel: Die Glühbirne in deinem Zimmer hat eine Wattzahl von 30, also 30 Watt. Lässt du sie 3 Stunden brennen, dann hast du 90 Wattstunden verbraucht.

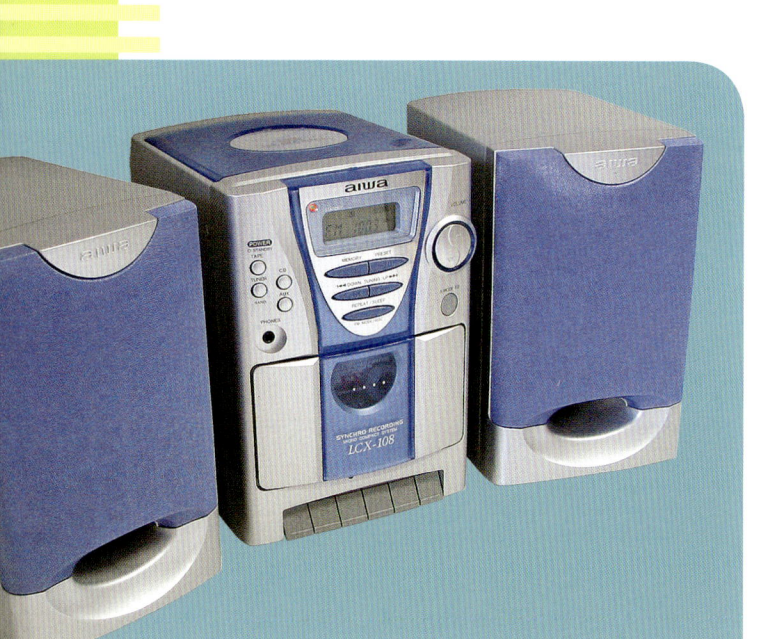

30 Watt mal 3 Stunden
= 90 Wattstunden
x Wattstundenpreis des Stromanbieters
= Gesamtkosten.

$$3 \text{ x } 30 \text{ Watt} = \frac{90 \text{ Watt x Strompreis in €}}{1000}$$

ergibt ..,... €

Mit dieser einfachen Formel könnt ihr ausrechnen, wie viel Strom ihr am Tag in der Familie verbraucht und wie viel der verbrauchte Strom kostet.

In Deutschland werden bis zum Jahr 2012 die Glühbirnen abgeschafft sein. Es gibt schon Länder, in denen es bereits verboten ist, herkömmliche Glühbirnen zu benutzen. Denn Glühbirnen benötigen sehr viel mehr Strom als die Energiesparlampen. Mit 10 Energiesparlampen werden knapp 2–3 Tonnen CO_2 weniger produziert als mit der Glühbirne.

   Übrigens: Eine Energiesparlampe verbraucht nur ein Fünftel des Stroms, den eine herkömmliche Glühbirne benötigt.

   Energiesparlampen enthalten Quecksilber und gehören nach dem Gebrauch in eine Sondermüllentsorgung! Inzwischen arbeitet die Industrie daran, Leuchtmittel zu entwickeln, die möglichst wenige Schadstoffe enthalten.

Natürlich müssen wir nicht im Dunkeln oder im Kalten sitzen. Doch wir können darauf achten, dass kein Strom unnötig gebraucht wird.

GUTE ALTERNATIVE: ÖKOSTROM!

Heute kann jeder Haushalt auch Ökostrom beziehen. Ökostrom wird garantiert aus erneuerbaren Energie gewonnen und schadet unserer Erde nicht. Informationen über Ökostrom können wir über unseren Stromanbieter und natürlich über das Internet erhalten.

Das können wir tun!
Strom sparen – Geld sparen

- Energiesparlampen nicht ständig an- und abschalten, denn beim Starten verbrauchen sie mehr Strom als die normale Glühbirne! Energiesparlampen dürfen beim kurzzeitigen Verlassen des Raumes angeschaltet bleiben.

- Statt jeden Krümel mit dem Staubsauger aufzusaugen, kann man auch einen Besen benutzen.

- Lampenschirme ab und zu putzen. Saubere Lampen spenden mehr Licht.

- Ein Musikgerät kann ausgestellt werden, wenn keiner im Zimmer ist.

- Wenn man kurz aus dem Zimmer geht, kann man die Lampe, die normale Glühbirnen verwendet, ausmachen.

- Meine Lieblingshose muss nicht lange im Trockner getrocknet werden. Im Sommer trocknet die Wäsche meist auch auf einem Wäscheständer und im Winter sehr schnell an der Heizung.

- Der Computer oder der Fernseher muss nicht stunden- oder tagelang auf Stand-by geschaltet sein, denn er ist schnell wieder angestellt.

- Drucker und Faxgeräte nur einschalten, wenn diese gebraucht werden!

- Der Kochtopf sollte nicht kleiner als die Herdplatte sein, sonst geht viel Energie verloren.

- Die Waschmaschine immer ganz mit Wäsche füllen. Meist reicht eine niedrige Waschtemperatur. Ein 90-°C-Waschmaschinengang frisst 7-mal so viel Strom wie ein 30-°C-Waschgang.

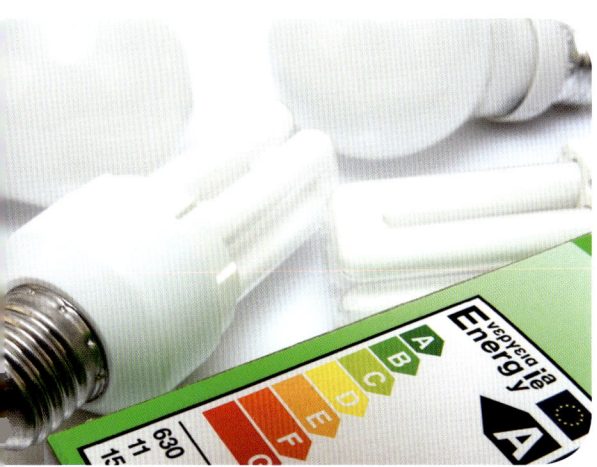

- Kühlschränke und Gefriertruhen, in denen eine Eisschicht wächst, verbrauchen sehr viel Strom. Schon bei einer 5 mm dicken Eisschicht benötigen sie die 3fache Menge an Elektrizität.

- Haushaltgroßgeräte haben einen Hinweis auf die Energieeffizienz. Der Buchstabe A sagt, dass dieses Gerät bei gleicher Leistung weniger Strom verbraucht als ein Gerät, das mit B, C, D, E, F oder G gekennzeichnet ist.

- Viele Geräte haben einen Bereitschaftsschalter, einen Stand-by-Schalter, doch die Stand-by-Schaltung verbraucht ständig unnötig Strom.

- Netzteile nur in die Steckdose stecken, wenn das Gerät wirklich gebraucht wird.

Familienritual:
Stromfressern auf der Spur

Um sich einen Überblick darüber zu verschaffen, ob es wirklich gelingt, Strom einzusparen, ist eine kleine Kontrolle nötig. Schaut euch die letzte Stromrechnung an. Ihr findet darauf euren Stromverbrauch des vergangenen Jahres. Nun überlegt ihr, was ihr tun könnt, um den Stromverbrauch zu senken. Zum Beispiel: Alle Stand-by-Schalter während der Nacht abstellen, den Staubsauger nur benutzen, wenn ihr die angefallenen Krümel nicht mit dem Besen aufkehren könnt, auf die Herdplatten nur passende Töpfe stellen usw.
Lest nun gemeinsam den Stromzähler ab und tragt den Zählerwert in eine Liste ein. In diese Liste tragt ihr ein, an welchem Tag ihr den Zähler das nächste Mal ablesen werdet (nach 1, 2, 3 oder 4 Wochen). Am besten macht ihr das immer am gleichen Wochentag, z. B. samstags oder sonntags. So habt ihr eine genaue Kontrolle darüber, wie viel Strom ihr in einem bestimmten Zeitraum verbraucht.

Daraus könnt ihr ein kleines Ritual machen:
Brennt irgendwo unnötig Licht? Sind Geräte, die eigentlich gerade niemand nutzt, an- oder auf Stand-by geschaltet? Durchsucht die Wohnung gemeinsam nach „Stromfressern". Das sollte immer zu einer festgelegten Uhrzeit sein, zum Beispiel vor dem Schlafengehen, und natürlich gemeinsam mit der ganzen Familie.

Im Laufe des Jahres werdet ihr feststellen, dass ihr achtsamer werdet und den Stromfressern auf die Spur kommt. Ihr tut der Umwelt Gutes und natürlich auch eurem Geldbeutel.

Aktion: Geschichten in der Dunkelheit!

In den Wintermonaten, wenn es früh dunkel wird, muss schon am Nachmittag das Licht in der Wohnung eingeschaltet werden. Manchmal ist es aber auch schön, im Dunkeln mit der Familie bei Kerzenschein einfach Geschichten zu erzählen. Regelmäßig eine kleine Kerzenscheinstunde in der Familie zu gestalten, macht viel Spaß. Gruselgeschichten, Märchen oder selbst erfundene Geschichten eignen sich dafür ganz toll. Und ganz nebenbei sinkt euer Stromverbrauch.

Spiel: Telefonieren ohne Strom

Für dieses Spiel braucht ihr mindestens acht oder neun Spieler. Wenn ihr also keine ganz große Familie seid, wartet, bis ihr Gäste habt, Kindergeburtstag feiert oder etwas Ähnliches. Die Spieler setzen sich in Kreisform zusammen und reichen sich die Hände. Ein Spieler befindet sich in der Mitte des Kreises und bestimmt einen Anrufer und einen Gesprächsempfänger. Das geht so: Der Anrufer schickt dem Empfänger eine Nachricht, indem er die Hand seines Nachbarn vorsichtig drückt. Der Anrufer sagt laut „Die Nachricht ist abgeschickt." und drückt die Hand seines rechten oder linken Nachbarn. Dieser drückt dann ebenfalls die Hand des nächsten Nachbarn und so weiter, bis die „Nachricht" beim Empfänger angekommen ist. Natürlich kann zwischendurch auch die Richtung wieder geändert werden. Der Empfänger sagt „Die Nachricht ist angekommen.", sobald er spürt, dass seine Hand gedrückt wird. Der Spieler, der in der Kreismitte steht, muss versuchen, die Nachrichtenkette zu unterbrechen. Sobald er wahrnimmt, dass einem der Spieler die Hand gedrückt wird, muss er dessen Namen nennen. Nachdem er laut diesen Namen gesagt hat, tauschen die beiden ihre Plätze und das Spiel beginnt von vorn.

Die Sonnenuhr braucht keinen Strom

Irgendwann im Laufe der Geschichte haben Menschen Uhren erfunden. Inzwischen gibt es Uhren fast überall: in eurer Wohnung, am Handgelenk, an öffentlichen Gebäuden. Schließlich beginnt die Schule pünktlich, wir haben Termine verabredet oder müssen mit dem Bus oder der Bahn fahren. Und die warten nicht, wenn wir uns verspäten. Uhren sind wichtig. Heute funktionieren aber fast alle Uhren mit Strom. Meist werden sie mit Batterien betrieben.

Früher haben die Menschen solche Uhren nicht gehabt. Sie teilten ihre Zeit ein, indem sie sich auf den Stand der Sonne verlassen haben. Eine Sonnenuhr funktioniert ganz ohne Strom. Versucht einmal, so eine Sonnenuhr zu bauen.

Ihr benötigt:

- Uhr,
- Pappe
- Schere
- 1 Zirkel
- 1 Bleistift
- 1 Stöckchen (ca. 25 cm lang)

So wird's gemacht:

Ihr zeichnet mit einem Zirkel einen ca. 20 cm Durchmesser großen Kreis auf die Pappe. Dieser Kreis wird nun ausgeschnitten. In die Mitte, da, wo der Zirkel angesetzt wurde, stecht ihr ein kleines Loch. Und jetzt ab in die Sonne. Das vorbereitete Material kommt natürlich mit. Die Pappscheibe wird auf den Boden gelegt und mit dem Stäbchen auf dem Boden (durch das Loch) fixiert.

Achtet darauf, dass die Pappscheibe flach aufliegt! Immer wenn die Uhr eine volle Stunde zeigt, markiert ihr den Schatten, der durch das Stäbchen auf der Pappe entsteht. Jede Stunde wird einzeln auf die Pappe geschrieben. Da der Schatten ständig wandert, habt ihr immer die genaue Zeitangabe. Der Stand der Sonne verändert sich auch durch die Jahreszeiten, weil der Einfallwinkel der Sonne im Winter einen anderen Schatten wirft. Danach können wir uns auch richten und so fast genau die Uhrzeit mit der Sonnenuhr bestimmen.

Luft & Atmosphäre

Dann sprach Gott: Ein Gewölbe entstehe mitten im Wasser und scheide Wasser von Wasser. Gott machte also das Gewölbe und schied das Wasser unterhalb des Gewölbes vom Wasser oberhalb des Gewölbes. So geschah es und Gott nannte das Gewölbe Himmel. Es wurde Abend und es wurde Morgen: zweiter Tag.

Genesis 1,6–8

GEBET

Kein Mensch kann es lang ohne Luft aushalten. Lieber Gott, du hast mir den Atem
des Lebens eingehaucht, darum bin ich
durchströmt von dir, unserem Schöpfer.
Jesus hat seine Freunde angehaucht und
ihnen gesagt: „Empfangt den Heiligen
Geist", den Geist, der schon am Anfang
der Schöpfung da war. Mit jedem Atem-
zug, den ich mache, atme ich einen Teil
der Schöpfung ein. Beim Ausatmen gebe
ich diesen Teil zurück. Immer wieder neu,
bewusst und unbewusst, mein Leben lang.
Lass uns Menschen behutsam und verantwortungsvoll mit der Luft umgehen.
Amen.

Ein Wind kommt. Versuchen wir zu leben!

Sowohl in den hebräisch wie auch in den griechisch verfassten Büchern der Heiligen Schrift bedeutet „Geist" – rûach, pneuma – so viel wie „Windhauch", „Lebensodem", „Atem", „göttliche Kraft". Als Mönche im 8. und 9. Jahrhundert in ihren Klosterschreib-stuben das lateinische spiritus sanctus in ihre Muttersprache zu übersetzen versuchten, nannten sie es im oberdeutschen Sprachraum „heilag atum", „heiliger Atem". Sie trafen damit ziemlich genau den biblischen Sinn von „Geist". Atem als Bild für Gottes Geist geht aus von der Erfahrung, dass wir nicht leben können, ohne zu atmen. Ich habe gelesen, dass im Altjapanischen „Leben" die „Macht der Atmung" bedeutet. Im Atmen spüren wir etwas von dem Geheimnis des Göttlichen, das in der Schöpfung lebt. Gottes Geist, der Herr ist und lebendig macht, heißt es im großen Credo.

Bischof Kamphaus erzählt von der Begegnung mit einem achtjährigen Mädchen: „Atmet Gott?", fragte ihn das Kind. Er war verdutzt. Was sollte er sagen? Gott ist ganz anders, da kann man nicht von Atmen reden, dachte er bei sich und besann sich eines Besseren: „Natürlich, Gott Atmet!", antwortete er. Das ist der Grund, weshalb wir atmen können und aufatmen dürfen. Gottes Geist, der Herr ist und lebendig macht.

Msgr. Wilfried Schumacher

Von großer Kraft durchströmt

Gott hat zum Ruhme seines Namens die Welt aus ihren Elementen zusammengesetzt. Er hat sie mit den Winden verstärkt, mit den Sternen verbunden und erleuchtet und mit den übrigen Geschöpfen erfüllt. Auf dieser Welt hat er den Menschen mit allem umgeben und gestärkt und hat ihn mit gar großer Kraft rundum durchströmt, damit ihm die Schöpfung in allem beistünde.

Hildegard von Bingen

Ozon

Die Atmosphäre ist die „Verpackung" unserer Erde. Sie ist wie eine Hülle oder eine Schutzschicht aus Gasen. Die Atmosphäre besteht aus unterschiedlichen Schichten. Die genaue Zusammensetzung ändert sich mit zunehmender Höhe.

In ca. 30 bis 40 Kilometer Höhe über der Erde ist die Ozonschicht. Sie verhindert, dass schädliche Strahlen aus dem Sonnenlicht (ultraviolettes Licht UV-Strahlen) auf die Erde gelangen. Diese Strahlen sind so gefährlich, weil sie Hautkrebs verursachen können.

Über der südlichen Erdhalbkugel ist ein großes Ozonloch. Eigentlich ist das kein richtiges Loch, sondern dort ist die Ozonschicht dünner geworden.

FCKW steht im Verdacht, Hauptkiller der Ozonschicht zu sein: FCKW ist ein Treibmittel, das für Sprühflaschen verwendet wurde. Darum ist in manchen Ländern die Verwendung von FCKW verboten. Aber FCKW ist lange Zeit gefährlich. Das FCKW, was wir vor 10 Jahren in die Luft gesprüht haben, zerstört die Ozonschicht heute noch.

Das können wir tun!

Die Sonne schenkt allen Lebewesen Licht und Kraft – und uns Menschen außerdem noch gute Laune. Es ist gut, sich in der Sonne aufzuhalten, wenn wir uns gegen die schädlichen UV-Strahlen schützen. Dafür können wir einiges tun.

- Eine gute Sonnenmilch mit einem besonders hohen Lichtschutzfaktor benutzen.

- Immer einen Sonnenhut oder eine Sonnenkappe tragen.

- Am besten nicht halb nackt im Freien aufhalten.

In euren Kinder-und Jugendgruppen darauf achten, dass alle sich schützen, denn wir können so anderen, die nicht so viel darüber wissen, helfen.

Wenn hohe Ozonwerte in der Luft gemessen werden, nicht im Freien anstrengen. (Solche Meldungen hören wir im Radio und in den Fernsehnachrichten. Auch die Tageszeitungen informieren darüber.)

Drucker und Kopierer gehören nicht in Schlafräume, weil sie Feinstaub in die Raumluft abgeben.

Chlorgase in Toilettenreinigern, überhitzte Teflonpfannenbeschichtungen, Ammoniakreiniger, Imprägniersprays, Farben und Lacke setzen Reizgase frei. Wenn sich der Umgang mit diesen Stoffen nicht vermeiden lässt, gilt es, besonders vorsichtig zu sein.

Fahrrad statt Auto

Mit dem Fahrrad zu fahren, hat viele Vorteile. Es entstehen zum Beispiel keine schädlichen Treibhausgase. Autos verbrennen Benzin. Dadurch entstehen Abgase, die für unsere Umwelt schädlich sind. Die Bewegung beim Fahrradfahren ist außerdem für unsere Gesundheit gut.

Es gibt viele gute Gründe, das Auto stehen zu lassen:

- Bewegung ist gesund.
- Fahrradfahren macht gute Laune.
- Du siehst viel mehr von deiner Umgebung.
- Auf Kurzstrecken bist du mit dem Fahrrad fast genauso schnell wie mit dem Auto.
- Du verbrauchst kein Benzin (Diesel, Super-Benzin oder Super bleifreies Benzin), das beim Verbrennen schädliche Abgase erzeugt.

Übrigens: Beim Fahrradfahren erzeugst du durch deine Muskelkraft selbst Energie, um an dein Ziel zu kommen. Das tut gut und ist gesund.

RADFAHRERKIRCHEN

In ganz Deutschland entstehen immer mehr Radfahrerkirchen und -kapellen mit speziellen Angeboten für Radfahrer, zum Beispiel Fahrradgottesdienste. Vielleicht befindet sich eine sogar in eurer Nähe oder in der Nähe eures nächsten Urlaubsortes? Das lässt sich leicht im Internet herausbekommen. Dann habt ihr vielleicht Lust auf einen schönen Familienausflug per Rad.

Autofasten

Autofasten ist eine sinnvolle Möglichkeit, sich und der Umwelt etwas Gutes zu tun! Dafür ist nicht nur die jährliche Fastenzeit vor Ostern geeignet. Autofasten können wir jederzeit.

Statt mit dem Auto zu fahren, vielleicht im Stau zu stehen, ständig wegen roter Ampeln anzuhalten, ist eine Fahrt mit öffentlichen Verkehrsmitteln viel bequemer: kein Stau, kein Stress wegen der Konzentration auf den Straßenverkehr oder Parkplatzsuche. Bequem sitzen, ein Buch lesen, mit Mitfahrenden sprechen und Vor-sich-hin-Träumen sind gute Argumente, das Auto stehen zu lassen.

Jedes Auto weniger auf der Straße hilft: Es wird weniger Feinstaub produziert, den wir alle einatmen, der Autolärm verringert sich und der den CO_2-Ausstoß wird deutlich gesenkt.

Autofasten ist nicht immer mit einem großen Verzicht verbunden. Vermeidet zum Beispiel einfach kurze Fahrten. Kurzstrecken lassen sich ohne großen Aufwand zu Fuß oder mit dem Fahrrad zurücklegen. Bei Kurzstrecken kommt der Automotor nicht auf Betriebstemperatur und verbraucht viel mehr Sprit als ein warmer Motor.

UMWELT SCHONEN TROTZ AUTOFAHREN?

Manchmal kann man auf das Auto nicht verzichten. Dann könnt ihr trotzdem einiges tun, womit ihr der Umwelt ein wenig helft:

- Den Motor bei Pausen über 15 Sekunden abstellen. Beim erneuten Starten kein Gas geben!

- Mit hohem Reifendruck fahren (Höchstdruck).

- Dachgepäckträger und Fahrradständer nur auf dem Auto montieren, wenn sie auch gebraucht werden.

- Gleichmäßig und niedrigtourig fahren. Dadurch könnt ihr bis zu 30 % Sprit, Abgase und damit auch Geld einsparen!

- Schnelles Hochschalten: Damit erreicht man eine schadstoffärmere Verbrennung!

Familienritual: Kleine Wege

Überlegt einmal gemeinsam, welche Autofahrten in eurer Familie eigentlich unnötig sind. Was könnt ihr einsparen? Wird die Tochter einmal wöchentlich mit dem Auto zum Sportverein und der Sohn zum Musikunterricht gefahren, obwohl auch ein Bus dorthin fährt? Holt Papa am Samstagmorgen die Brötchen mit dem Auto vom Bäcker, obwohl es nur 10 Minuten mit dem Fahrrad wären? Fährt Mama mit dem Auto zum Fitnesscenter?

Sucht euch Autofahrten, die ihr „fasten" könnt. Vielleicht wird sogar ein Familienritual daraus. Zum Beispiel könnte an jedem Samstag ein anderer von euch morgens mit dem Rad die Brötchen vom Bäcker holen ... Euch fällt bestimmt etwas Gutes ein.

Aktion: Woher weht der Wind?

Wir können am Himmel wunderschöne weiße Schäfchenwol-
ken, aber auch graue dunkle Wolken sehen. Viele Wolken sind
so geformt, dass wir darin Ähnlichkeiten mit Figuren, Tieren,
Menschen, Engeln usw. erkennen. Wolken beobachten macht viel
Freude. An den Wolken kann man sogar erkennen, aus welcher
Richtung der Wind weht.

Um die genaue Windrichtung zu bestimmen, benötigt ihr
einen Bogen weiße Pappe, einen Kompass, einen Spiegel (z. B.
Kosmetikspiegel) und natürlich schöne Wolken.

Zuerst sucht ihr im Freien einen Tisch oder eine Bank und legt
die Pappe darauf. Nun markiert ihr mit Hilfe eines Kompasses

die Himmelsrichtungen. Zuerst Norden, Osten, Süden, Westen und dann Nord-West, Nord-Ost, Süd-Ost und Süd-West. Anschließend legt ihr den Spiegel in die Mitte der markierten Pappe. Wie auf einem Bildschirm könnt ihr nun die Wolken beobachten und erkennen, aus welcher Richtung der Wind weht.

Aktion: Gib den Ton an!

Aus dünnen Bambusröhren werden in Südamerika Panflöten gebaut. Sie klingen sehr schön und sind leicht herzustellen.

Du benötigst 8 Strohhalme (Trinkhalme, wenn keine Bambusröhrchen vorhanden sind), ein Stück Pappe (ca. 18 bis 23 cm lang) und doppelseitiges Klebeband.

Nun schneidest du die Halme in verschiedene Längen, das Klebeband wird auf die Pappe geklebt, die Halme werden auf dem Klebeband fixiert. Bläst du nun in die fertige Flöte, entstehen unterschiedliche Töne. Kurze Halme ergeben höhere, längere Halme tiefere Töne.

Aktion: Das Zauber-Ei

Ihr benötigt eine Glasflasche mit großer Öffnung, z.B. eine Milchflasche, Streichhölzer und ein hart gekochtes, geschältes Ei (der Durchmesser ist größer als die Flaschenöffnung). Zündet mehrere Streichhölzer an und werft sie brennend in die Flasche. Sobald sie abgebrannt sind, legt schnell das Ei auf die Flaschenöffnung. Was geschieht? Das Ei gelangt langsam durch die Öffnung und plumpst in den Flaschenbauch. Warum? Die erwärmte Luft in der Flasche dehnt sich aus und entweicht. Durch das aufgelegte Ei ist die Flasche nun allerdings luftdicht abgeschlossen. Kühlt die Luft in der Flasche nun wieder ab, so ist der Luftdruck in der Flasche geringer als außerhalb. Das Ei wird deshalb vom höheren Außenluftdruck in die Flasche gepresst (nicht von innen gesogen).

Ihr könnt das Ei auch wieder aus der Flasche zaubern, indem ihr die Flasche kopfüber dreht und in die Flaschenöffnung pustet. Und so funktioniert's: Pustet man in die Flasche, hebt sich das auf der Öffnung liegende Ei kurz, sodass die in die Flasche eindringende Luft im Inneren einen Überdruck erzeugt. Dieser Überdruck presst zunächst das Ei wieder fest auf die Öffnung und schließlich sogar aus der Flasche heraus.

Spiel: Die Luftballon-Wette

Dazu benötigst du für jeden Mitspieler je einen Luftballon und eine Glasflasche. Der Luftballon wird mit der Öffnung nach oben in die Flasche gesteckt, die Öffnung etwas über den Flaschenhals gezogen. Wer schafft es, diesen Luftballon aufzublasen?

(Nicht verraten! Das schafft keiner, weil die Luft in der Flasche so viel Kraft hat, dass sie verhindert, dass der Ballon sich ausdehnt.)

Spiel: Schon gepustet?

Schneidet euch kräftiges Papier zurecht. Jeder Mitspieler benötigt genau die gleiche Form (ca. 10 cm Durchmesser). Nun stellt ihr euch nebeneinander mit dem Gesicht zu einer Wand. Gleichzeitig haltet ihr eure Papierchen an die Wand, pustet so, dass das Papier an die Wand gedrückt wird. Nehmt die Hände nun auf den Rücken. Gepustet wird so lange, bis einem der Spieler das Papier herunterfällt.

Gott gab uns Atem

T: Eckart Bücken, © Strube Verlag München-Berlin

M: Fritz.B.ltruweit, © tvd-Verlag Düsseldorf

aus: Es sind doch deine Kinder, 1983

1. Gott gab uns A - tem, da - mit wir le - ben.

Er gab uns Au - gen, dass wir uns sehn.

Gott hat uns die - se Er - de ge - ge - ben,

dass wir auf ihr die Zeit be - stehn.

Gott hat uns die - se Er - de ge - ge ben,

dass wir auf ihr die Zeit be - stehn.

2. Gott gab uns Ohren, damit wir hören.
Er gab uns Worte, dass wir verstehn.
|: Gott will nicht diese Erde zerstören.
Er schuf sie gut, er schuf sie schön. :|

3. Gott gab uns Hände, damit wir handeln.
Er gab uns Füße, dass wir fest stehn.
|: Gott will mit uns die Erde verwandeln.
Wir können neu ins Leben gehen. :|

Wasser – und die Erde erblüht

Dann sprach Gott: Das Wasser unterhalb des Himmels sammle sich an einem Ort, damit das Trockene sichtbar werde. So geschah es. Das Trockene nannte Gott Land und das angesammelte Wasser nannte er Meer. Gott sah, dass es gut war. Dann sprach Gott: Das Land lasse junges Grün wachsen, alle Arten von Pflanzen, die Samen tragen, und von Bäumen, die auf der Erde Früchte bringen mit ihrem Samen darin. So geschah es. Das Land brachte junges Grün hervor, alle Arten von Pflanzen, die Samen tragen, alle Arten von Bäumen, die Früchte bringen mit ihrem Samen darin. Gott sah, dass es gut war. Es wurde Abend und es wurde Morgen: dritter Tag.

Genesis 1,9–13

GEBET

Durch das Wasser erblüht unsere Erde in den schönsten Farben. Viele Pflanzen benötigen wir, um uns damit zu ernähren. Jedes Samenkorn, das tief in der Erde liegt, lässt du, Gott, reifen. Du lässt es wachsen durch jeden Tropfen Wasser und jeden wärmenden Sonnenstrahl. Du versorgst uns mit deinem reichen Segen, damit wir uns gesund ernähren können.

Doch nicht allen Menschen geht es so gut wie uns. Miteinander das zu teilen, was uns von dir geschenkt wird, sollte für alle Menschen selbstverständlich sein. Du teilst mit uns deine Schöpfung. Lass uns achtsam und gerecht mit den Früchten der Erde umgehen. Amen.

Eine ungeheure Lebendigkeit

Am Anfang, sagt die Bibel, war der Geist über den Wassern. Und ich empfinde, dass er mich anspricht, dass er das Element Wasser gleichsam in meiner Seele meint, das Wandlungsfähige, damit eine neue Kreatur entsteht – „aus dem Wasser und dem Geist".

Das Wasser sagt mir: Halte dich nicht für so schrecklich wichtig. Du bist es nicht. Wichtig ist etwas anderes. Ich, das Wasser, gehe durch meine hundert Gestalten, unablässig mich selbst verlierend, damit das Leben auf dieser Erde durch die unübersehbar lebendige Fülle seiner Gestalten gehen kann. Ich ströme durch die Adern der Pflanzen, damit das Blatt und die Frucht ihre Gestalt finden. Ich fließe durch die Körper der Tiere und auch deinen eigenen, damit da Lebendigkeit, Kraft, Wille, Empfindung, Geist sei. [...]

Was das Wasser ist, erfahren wir am deutlichsten, wenn wir in ihm sind, uns von ihm umströmen und tragen lassen. Von innen also. Und wir finden seine Kraft in uns selbst am ehesten, wenn wir anfangen, mit dem Herzen zu denken. [...]

Wer mit dem Herzen denkt, zu dem redet die Kreatur, auch die, die wir stumm nennen, und er wird mitfühlen mit allen Geschöpfen, die zwischen Tod und Leben ihre vergängliche Gestalt finden und sich nach Erlösung sehnen.

Er empfindet die ungeheure Lebendigkeit, die uns Menschen aus den Kräften des Wassers zufließt. Es ist ja nicht zufällig, dass die Ströme heilig waren für die Menschen der alten Welt, dass Brunnen und Quellen ihnen Zugänge zu sein schienen zu den Gottheiten der Erde. Wir halten es für einen Fortschritt, dass sie es uns heute nicht mehr sind, dass sie uns nur noch Orte sind, an denen wir Wasser entnehmen, um es verschmutzt den Flüssen zurückzugeben. Umso härter aber empfinden wir heute die Gefahr, die dem Wasser droht: dass es die Kraft verlieren könnte, sich zu reinigen, und dass so das Leben der Erde erstickte.

Jörg Zink

GEBET

Guter Gott, du hast uns deine Welt ge-schenkt. Du sorgst für uns, indem wir **auf der Erde für alle** Menschen genügend Wasser zum Leben haben. Nur durch Wasser ist das Leben auf der Erde möglich. Hilf uns, darauf zu achten, dass wir nicht verschwenderisch mit dem kostbaren Wasser umgehen.

Wasser ist Leben

Ohne Wasser kann kein Lebewesen, kein Mensch, kein Tier, keine Pflanze überleben. Der Mensch kann ungefähr dreißig Tage ohne Nahrung aushalten. Ohne Wasser aber nur zwei bis drei Tage. Pflanzen verdorren ohne Wasser. Die Nutzpflanzen, die Pflanzen, die wir für unsere Nahrung verwenden, können ohne Wasser nicht wachsen. Ohne Wasser würden wir also auch nichts zu essen haben.

Wenn wir uns die Weltkugel ansehen, bemerken wir, dass unsere Erde zu drei Viertel mit Wasser bedeckt ist. Von diesen großen Wassermengen sind 97 Prozent kein Trinkwasser, sondern Salzwasser. Der restliche Anteil von 3 Prozent ist Süßwasser, aus dem Trinkwasser gewonnen wird.

Die Überschwemmungen der Flüsse und Seen zeigen, dass wir genügend Wasser haben. Dieses Wasser eignet sich jedoch nicht als Trinkwasser.

Gutes Trinkwasser finden wir tief in der Erde. Das Wasser, das im Erdboden versickert, ist Grundwasser. Dieses Wasser ist durch die Erde bereits gefiltert und ist frisch und klar, wenn es an die Erdoberfläche gepumpt wird.

Umweltgifte, Putzmittel, die nicht biologisch abbaubar sind, Düngemittel und Insektengifte gelangen leider auch in unser Grundwasser. Das Grundwasser kann dadurch für uns Menschen gefährlich werden, denn diese giftigen Stoffe kann der Erdboden nicht filtern.

In armen Ländern, in denen es keine Wasserleitungen gibt, holen sich die Menschen ihr Wasser in Krügen zum Beispiel aus Brunnen oder Flüssen. Oft sind sie lange zu Fuß unterwegs. Sie wissen, dass Wasser sehr kostbar ist. Manchmal werden die Menschen auch sehr krank, weil es dort keine Möglichkeit gibt, das Wasser, in dem sich Krankheitserreger tummeln, zu reinigen.

In unserem Land ist das anders. Hier fließt das saubere Trinkwasser aus den Wasserleitungen. Wir sehen gar nicht, wo das Wasser herkommt.

Das Wasser hat einen langen Weg hinter sich, bis es aus unserem Wasserhahn sprudelt. Es ist aufwendig und kostspielig gereinigt worden, damit wir nicht krank werden.

Auch Kleider brauchen Wasser

Auch für die Herstellung unserer Kleidung wird Wasser benötigt. Bis ein Kinder-T-Shirt fertig ist, werden ca. 2000 Liter Wasser verbraucht. Warum so viel? Die Baumwolle wächst an Sträuchern, die sehr viel Wasser benötigen. Meist müssen die Pflanzen künstlich bewässert werden. Damit 1 kg Baumwolle geerntet werden kann, werden ca. 10 000 Liter Wasser verbraucht. (In eine herkömmliche Badewanne passen 150 Liter.) In trockenen Anbaugebieten wie im Sudan benötigt eine Baumwollpflanze sogar noch viel mehr Wasser, um wachsen und reifen zu können. Auch beim Transport der Baumwolle nach der Ernte in andere Länder wird Wasser verbraucht und natürlich auch beim Färben des Baumwollstoffes. Mit „virtuellem Wasser" ist Wasser gemeint, das verbraucht wird doch von uns nicht als verbrauchtes Wasser direkt gesehen wird, wie bei der Herstellung eines T-Shirts.

Deutschland gehört zu den Ländern, die den größten Verbrauch an virtuellem Wasser haben. Viele Produkte, die in der Herstellung besonders viel Wasser verbrauchen, bestellen die Unternehmen im Ausland. Oft kommen die Produkte aus Ländern, in denen das gute Trinkwasser ohnehin sehr knapp ist.

Das können wir tun!

- Beim Baden in einer vollen Badewanne braucht man ca. 150 Liter Trinkwasser. Beim Duschen nur ca. 30 Liter. Also duschen anstelle von baden.
- Nicht unter fließendem Wasser das Geschirr spülen.
- Zum Zähneputzen einen Becher mit Wasser benutzen, statt das Wasser unbenutzt minutenlang in den Ablauf fließen zu lassen.
- Die meisten Toiletten haben heute eine Spartaste. Beim kleinen Geschäft nur kurz mit dem Spülstopp abspülen.
- Ein tropfender Wasserhahn vergeudet im Jahr ca. 45 Liter Wasser. Achtet darauf, dass kein Wasserhahn tropft!
- Niemals Wasser unnötig verschmutzen.
- Immer gut überlegen, ob neue Baumwoll-T-Shirts oder andere Baumwollkleidung wirklich unbedingt gekauft werden müssen.

Wasser & Taufe

Bei der Taufe steht das Wasser für die Reinigung vom Bösen. Durch die Taufe sind wir neu geboren in Christus. Früher wurden Christen in einem Taufbecken ganz untergetaucht. Diese Art der Ganzkörpertaufe gibt es bei den Baptisten auch heute noch. Das Weihwasser, mit dem wir uns beim Betreten der Kirche segnen, erinnert uns an die eigene Taufe.

Rose von Jericho

Die Rose von Jericho, die auch Wüstenrose genannt wird, wächst in den Wüstengebieten von Israel und Jordanien, auf dem Sinai und in Teilen Nordafrikas. In der Wüste wird sie nach dem Eintrocknen durch Winde aus ihrer schwachen Wurzelverankerung gerissen und kann kilometerweit rollen und sich so in alle Windrichtungen verteilen.
Ist die Rose ausgetrocknet, sieht sie aus wie ein schrumpeliges Knäuel. Wird die Rose mit Wasser übergossen, dann entfaltet sie wieder eine grüne satte Farbe und breitet ihre feinen kleinen Zweige aus.

Aktion: Bäumen beim „Trinken" zuhören

Bäume verdunsten über ihre Blätter Feuchtigkeit. Das kann man sich vorstellen, wenn man mal richtig ins Schwitzen gekommen ist. Der Schweiß kühlt unseren Körper ab, und wir müssen viel trinken, damit unser Wasserhaushalt nicht durcheinandergerät. Blätter schwitzen zwar nicht, doch sie müssen wegen der Verdunstung immer wieder Wassernachschub bekommen. Dies funktioniert über die Wurzeln.

Im Frühjahr können wir das besonders gut testen. Mit einem Stethoskop (kann man ausleihen oder im Handel kaufen) können wir hören, wie das Wasser über die Baumstämme in die Baumkronen gepumpt wird. Manchmal pumpt so ein Baumstamm fast drei Liter Wasser innerhalb nur einer Stunde.

Spiel: Das Wasserkonzert

Verschiedene Trinkgläser (mit dünnem Rand) oder Weingläser mit unterschiedlicher Wassermenge füllen. Mit angefeuchtetem Zeigefinger über den Glasrand kreisen. Um die Tonleiter zu stimmen, wird tröpfchenweise Wasser nachgefüllt.

Überlegt zuerst, welches Lied ihr spielen möchtet. Zum Beispiel „Großer Gott, wir loben dich", „Gottes Liebe ist so wunderbar" oder ein anderes Lied, das euch gut gefällt. Nun beginnt das Konzert, zu dem auch gesungen werden darf.

Bäume schützen

Papier wird auch aus Holz gemacht. Da Holz ein nachwachsender Rohstoff ist, scheint das auch auf den ersten Blick kein Problem zu sein. Doch inzwischen wird so viel Papier benutzt, dass jeder fünfte Baum in einer Papiermühle verarbeitet wird. Das hat zur Folge, dass ganze Waldgebiete abgeholzt sind.

Der Papiermüll wächst, und der Wald wird immer kleiner! Russische und kanadische Urwälder werden für unser Papier gerodet! Der Urwald ist damit bereits unwiederbringlich zerstört. Die Förster pflanzen zwar neue Bäume, aber meistens nur schnell wachsende wie Kiefern und Fichten.

Durch die Abholzung von Bäumen verschwinden auch viele kleine Tiere, zum Beispiel Käfer, Raupen und Spinnen. Ihnen fehlt die Nahrung.

Natürlich kommen wir ohne Papier weder in der Schule, im Büro, noch im Haushalt zurecht. Doch wir können einiges tun, um Bäume zu retten.

„Wenn der Baum stirbt, stirbt auch der Mensch", sagt ein afrikanisches Sprichwort.

Das können wir tun!

- Jedes Blatt hat zwei gute Seiten, die beschrieben werden können!

- Stapelweise Reklame im Briefkasten muss nicht sein. Wir können ein Schild an den Briefkasten kleben: „Bitte keine Werbung einwerfen!"

- Kartons, Zeitungen, alte Hefte und ausrangierte Bücher in Papiercontainern entsorgen! Das Altpapier wird zu Recyclingpapier verarbeitet. Dafür werden viel weniger Frischwasser und Energie benötigt als für neu produziertes Papier. Recyclingpapier ist mit einem blauen Engel gekennzeichnet.

- Auf das Recyclingzeichen bei Schreibblöcken, Schreibheften, Briefpapier, Kopierpapier, Taschentüchern, Toilettenpapier und Kartons achten.

- Für Papierdecken, Küchenrollen und Papierservietten wird unnötig viel Papier verbraucht. Decken und Tücher aus Stoff können dagegen wiederverwendet werden.

GEBET

Guter Gott, die Bäume geben uns Sauerstoff zum Atmen. Sie schenken uns Obst und bieten uns Schatten. Pflanzen brauchen wir zum Leben genauso wie das Wasser. Nur wenn wir alle darauf achten, dass wir sorgsam und verantwortungsbewusst mit Wasser und Pflanzen umgehen, können wir gut leben. Hilf uns Menschen, einsichtig und vernünftig mit deiner Schöpfung umzugehen!

Spiel:

Mein Freund, der Baum

Treffpunkt: Wald oder ein anderer Ort, an dem es verschiedene Bäume gibt (Park, Spielplatz, Garten). Einem Spieler werden die Augen verbunden. Anschließend wird er von einem anderen Spieler einmal gedreht und zu einem bestimmten Baum geführt. Mit verbundenen Augen umarmt er den Stamm des Baumes. Anschließend wird er noch einmal gedreht und wieder zum Ausgangspunkt zurück geführt. Nun darf der Spieler die Augenbinde abnehmen und erraten, welchen Baum er umarmt hat.

Spiel: Baumstumpfspaß

Sucht in einem Waldstück einen kräftigen Baumstumpf. Testet, wie viele Spieler auf dem Baumstumpf stehen können, ohne das Gleichgewicht zu verlieren. Wer zuerst vom Baumstumpf abrutscht, hat verloren.

Aktion: Naturkünstler

Sammelt beim nächsten Familienausflug
oder Spaziergang im Wald Naturmaterialien, zum Beispiel Äste, Blätter, abgefallene
Rindenstücke, Zweige ... Aus diesem Material
gestaltet ihr ein großes Kunstwerk.
Übrigens: Wenn ihr von eurem Kunstwerk ein Foto macht, könnt
ihr dieses vergrößern und als Poster in euer Zimmer hängen.

Spiel: Detektive in der Natur

Sucht einen Ort, an dem ein feuchter oder
lehmiger Boden zu finden ist. Zuerst teilt
ihr euch in zwei Gruppen ein.
Die erste Gruppe entfernt sich so weit von
der anderen Gruppe, dass sie die anderen
nicht hören können. Die zweite Gruppe
sucht sich Spieler aus, die ihre Fußab-
drücke auf dem Boden abzeichnen. Nun
wird die erste Gruppe dazu geholt und
muss erraten, von wem welche Fußab-
drücke sind.

Hauptsache satt?

Jedes Lebewesen braucht Nahrung. Tiere, die in freier Natur leben, wissen, was gut für sie ist. Sie bedienen sich einfach selber. Tiere, die im Haushalt leben, werden von Menschen versorgt. Auch Kühe, Schweine, Gänse und Hühner, die in Ställen oder in Mastbetrieben leben, können nur das fressen, was Menschen ihnen geben. Wenn die Nahrung gut kontrolliert wird und Tiere artgerecht gehalten werden, geben die Tiere auch gute Nahrung an uns Menschen weiter, zum Beispiel Milch, Eier und Fleisch. Für uns ist das sehr wichtig, denn satt werden heißt nicht unbedingt gesund gegessen haben.

Wir Menschen kaufen Nahrung im Supermarkt, auf dem Bauernhof, beim Metzger und beim Bäcker. Wir können uns aussuchen, was uns schmeckt.

Doch nicht alles, was schmackhaft ist und uns in Geschäften angeboten wird, ist wirklich gesund für uns.

In unserem Land bietet die Natur zu jeder Jahreszeit die Nahrung, die wir benötigen, um gesund und fit zu sein. Da wir aber immer gerne das essen möchten, worauf wir gerade Lust haben, bieten die Händler auch frisches Obst und Gemüsesorten an, die von weit her mit dem Flugzeug, mit LKWs oder Kühlschiffen in unser Land transportiert werden.

Der Transport alleinc verursacht durch den hohen Verbrauch an Benzin und Kerosin (durch Flugzeuge) eine große Belastung für die Umwelt.

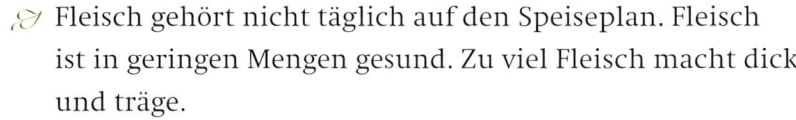

Das können wir tun!

Bio

- Tomaten und Salate aus dem Treibhaus schmecken nicht so lecker wie die aus dem Gemüsebeet

- Erdbeeren, Pflaumen oder Trauben gehören im Winter nicht auf den gesunden Speiseplan, weil sie hier zu dieser Jahreszeit nicht wachsen.

- Fleisch gehört nicht täglich auf den Speiseplan. Fleisch ist in geringen Mengen gesund. Zu viel Fleisch macht dick und träge.

- Beim Kauf von Eiern darauf achten, dass sie ein Bio-Siegel tragen. Denn nur Eier mit dem Bio-Siegel stammen von Hühnern, die im Freigehege leben und artgerecht gehalten werden.

SO GROß IST DER KÄFIG EINER LEGEHENNE

- Beim Einkauf auf das Herkunftsland achten. Händler müssen Angaben zum Herkunftsland machen. Kauft möglichst einheimische Nahrungsmittel.

- Damit Speisen gut riechen und schön aussehen, mischen die Hersteller oft künstliche Stoffe in die Lebensmittel. Bei verpackten Lebensmitteln kann man die Inhaltstoffe ablesen und überprüfen.

- Es gibt Hersteller und Konzerne, die den Anbau von genmanipulierten Pflanzen fördern. Ist eine Gen-Pflanze einmal angebaut, verbreitet sich der manipulierte Samen durch Insekten- und Pollenflug schnell und unkontrolliert. Für Kunden, die auf solche Produkte verzichten möchten, gibt es ein einheitliches Siegel für Lebensmittel und Tierfutter „ohne Gentechnik".

Aktion: Farbspiele der Natur

Heute können wir nur noch selten Textilien kaufen, die mit Pflanzenfarben gefärbt wurden. Früher gab es noch keine chemischen Farben. Das Färben mit Pflanzenfarben war aufwendig, doch es gab keine andere Möglichkeit, farbige Kleidung herzustellen. Pflanzenfarben eignen sich aber nicht nur für das Färben von Stoffen, sondern auch zum Malen.

Pflanzenfarben könnt ihr selber herstellen. Kinder lassen sich am besten von den Eltern dabei helfen. Ihr braucht dazu einen Kochtopf, ein Brett, einen Holzlöffel, ein Messer, eine Schüssel, einen Mörser, einen Becher, eine Reibe, Gefäße zum Aufbewahren, Pflanzen und Früchte, ein grobes und ein feines Sieb, etwas Wasser.

Pflanzenfarben lassen sich nicht gut aufbewahren, weil sie schnell verblassen oder matt werden. Die zerkleinerten Pflanzenteile kannst du in einem verschließbaren Glas aufbewahren. So lässt sich schnell wieder neue Farbe mischen.

- Aus Löwenzahnblättern, Birkenblättern, Rhabarber und Kamille gewinnt ihr **gelbe Farbe**,
- aus Zwiebelschalen **hellgelbe** bis **rostbraune Farbe**,
- aus Roter Beete, Malventee, Hagebutten **rote Farbe**,
- aus Rotkohlblättern **violette Farbe**,
- aus Birkenrinde **sandfarbene Farbe**,
- aus Schwarztee oder starkem Kaffee **braune** bis **schwarze Farbe**,
- aus Himbeer-, Brombeer-, Brennnesselblättern (Handschuhe anziehen beim Ernten), Spinat **grüne Farbe**.

Alle Farben eignen sich auch zum Schreiben!
Mischt die zerkleinerte Masse mit Wasser und kocht sie bei ständigem Rühren ca. 12 Minuten. Nun siebt ihr die Farbflüssigkeit zuerst grob und danach fein durch. Fertig! Pflanzen wie Karotten, Kirschen, Paprika, alle Beerensorten, Petersilie und Gewürze ergeben jeweils leuchtende Farben – durch Sieben, Pressen oder Zermahlen. Wasser wird nicht benötigt, da der Pflanzensaft ausreicht.

Aktion: Saftparty

Lade deine Freunde zu einer Saftparty ein und biete deinen Gästen an, sich ihre Säfte aus Früchten oder Gemüse selber zu pressen und zu mischen. Anschließend könnt ihr Pflanzenfarben herstellen und Bilder malen.

Umweltschutz in der Schule

In der Schule benötigen wir sehr viel Material, um zu lernen. Es ist nicht so einfach, vernünftige Schulmaterialien zu finden. Manche umweltfreundlichen Schulsachen sehen auch nicht so schön aus wie umweltschädliche Schulsachen, z. B. Lineale oder Turnbeutel aus Kunststoff. Dennoch sind umweltfreundliche Dinge besser. Lernen lässt es sich damit genauso gut.

Das gehört in eine umweltfreundliche Schultasche:

- Hefte und Blöcke mit einem blauen Umwelt-Engel
- Anspitzer aus Holz
- Lineal aus Holz
- Filzstifte mit austauschbarer Mine
- wasserlöslicher und lösungsmittelfreier Kleber
- Schnellhefter aus Pappe
- Kugelschreiber mit austauschbarer Mine
- naturbelassene Holzbuntstifte
- Turnbeutel aus Stoff
- Solarstromtaschenrechner
- Radiergummi aus Naturkautschuk
- Füller mit Tintenfass

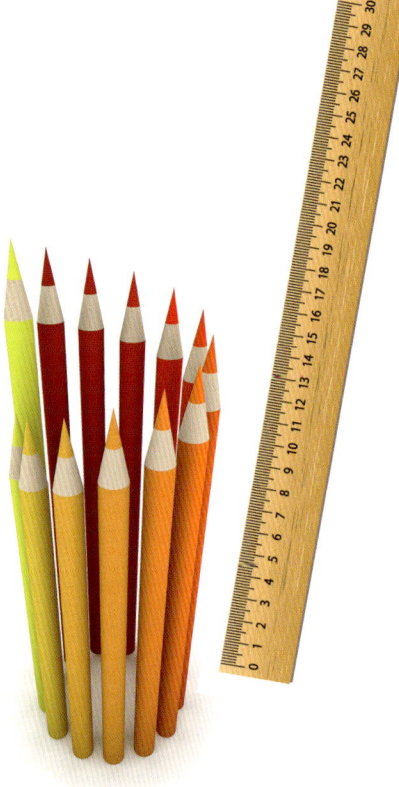

In Deutschland benötigt jedes Schulkind im Jahr durch-schnittlich 50 Tintenpatronen. Das ergibt einen Gesamt-verbrauch von 200 Tonnen. 50 Elefanten wiegen auch 200 Tonnen!

Auf keinen Fall gehören in eine Schultasche:

- Tintenkiller
- Kleber mit Lösungsmitteln
- lackierte Buntstifte
- Einwegstifte
- Kunststoffschnellhefter
- Kunststoffartikel

Diese Gegenstände sind in der Herstellung umweltschädlich und sie lassen sich schwerer recyceln.

Wohin mit dem Müll?

Dass wir keinen Müll einfach so auf die Straßen und unachtsam in die Landschaft werfen sollen, wissen wir alle. Dennoch geschieht so etwas jeden Tag. Im Wald liegt Müll, auf der Straße Kaugummi oder Papier von Süßigkeiten, am Feldrand Elektrogeräte oder auf dem Schulhof Butterbrotpapier. Schön sieht das nicht aus. Unsere Erde ist kein großer Abfalleimer. Durch Wind und Sturm fliegen die leichten Abfälle von einem Ort zum anderen, vielleicht sogar bis vor deine Haustüre. Oder wir treten in ein klebriges Stück Papier, Kaugummi oder in eine Pommes-Frites-Schale. Eklig! Genauso können sich aber auch Tiere an solchen Abfällen verletzen.

Es gibt in den meisten Wohngebieten verschiedene Mülltonnen: eine für Papier, eine für Bioabfälle, für Kunststoffmüll, für Restmüll. Für Batterien stehen in den Geschäften „Alt–Batteriecontainer", und in vielen Apotheken werden alte Medikamente zurückgenommen.

Wir alle produzieren Müll: die Verpackungen von Lebensmitteln, von Kleidung, von Spielsachen und Schulsachen, Reste von Speisen, Elektrogeräte, Katzenstreu, Glas und vieles andere. Aus vielen „entsorgten Materialien" lassen sich wieder neue Produkte herstellen. Darum ist es sehr wichtig, dass der Müll richtig getrennt wird.

Beachte: „Bio-Müllbeutel" sind zu 100 Prozent kompostierbar und deshalb auch für die Bioabfalltonne geeignet!

Aktion: Ein eigener Komposthaufen

Damit sich Komposterde aus den Abfällen entwickelt, benötigen viele kleine Tiere wie Asseln und Tausendfüßler ca. 6 bis 9 Monate.
An einem ungestörten Fleckchen im Garten legt ihr aus Rasenschnitt, Obstschalen, Kaffeepulver, Laub usw. einen Haufen an. Mit Hilfe von Bakterien, Pilzen und Mikroben wird aus den Abfällen eine luftige und nahrhafte Erde, über die sich die Pflanzen im Frühjahr freuen.

Recyceln – aus Alt mach Neu

Aus alten **Glasflaschen** werden neue Flaschen hergestellt. Weiß- und Buntglas werden in getrennten Containern gesammelt. Von dort werden sie abgeholt und in eine Glasfabrik gefahren. Hier wir das Glas von sogenannten Fremdstoffen wie Flaschenverschlüssen getrennt und gründlich gewaschen. In einem riesigen Schmelzofen wird nun das Glas geschmolzen. Aus der dickflüssigen Masse werden neue Flaschen geformt.

Bioabfälle werden kompostiert und können als Dünger verwendet werden.

Kunststoffe werden eingeschmolzen und aus dem Material neue Produkte hergestellt.

Papier wird aufbereitet und zu Recyclingpapier verarbeitet.

Alte **Kleidungsstücke** werden entweder in Kleider-
kammern an Menschen verteilt, die sich keine neuen
Kleidungsstücke kaufen können, oder sie werden
zerkleinert und gewaschen, um daraus zum Beispiel
Flickenteppiche herzustellen.

Metallreste werden eingeschmolzen, um daraus
neue Gegenstände wie zum Beispiel Werkzeuge
herzustellen.

Müll vermeiden:
natürlicher Tischschmuck

Wann ein Fest gefeiert wird, wissen wir in der Regel recht-
zeitig, um diesen besonderen Tischschmuck wachsen zu
lassen.
Dazu benötigt ihr Pappe, Löschpapier oder ein Stück
Küchenpapier und Kressesamen. Zuerst wird aus dem
Papier oder der Pappe eine Schablone zurechtgeschnitten.
Entweder Zahlen für Geburtstage oder Buchstaben für
Namen oder Bezeichnungen. In eine flache Schale oder auf
ein Tablett das feuchte Papier legen. Nun legt ihr vorsichtig die Schablone darauf. Mit dem Kressesamen wird nun
die Schablone ausgestreut. Gut feucht halten! Nach etwa
fünf Tagen entwickelt sich ein natürlicher Tischschmuck
passend zum Anlass.

Aktion:
Umweltfreundliche-Lebensmittel-Shoppingtour

Eigentlich wissen wir genau, welche Lebensmittel wir regelmäßig benötigen. Doch wenn wir einmal genauer hinsehen, stellen wir fest, dass wir unsere Lebensmittel nach Schönheit, Geschmack oder einfach aus Gewohnheit in den Einkaufswagen legen. Wenn man seinen Speiseplan schon fertig hat, ist es gar nicht so einfach, zum Beispiel nur hiesige Lebensmittel in einem Supermarkt zu finden. Fragen wir uns doch einmal, ob die Ware durch ihren Anbau oder durch ihren Lieferweg wirklich gesund und umweltverträglich ist.

Versucht mal, auf eine umweltfreundliche Lebensmittel-Shoppingtour zu gehen. Dafür braucht ihr Zeit und gute Laune. Achtung: Das Herkunftsland muss immer auf der Verpackung stehen. Bei Früchten, die uneingepackt verkauft werden, steht das Herkunftsland auf dem Hinweisschild, auf dem auch der Preis angegeben ist. Gemeinsam macht das Shoppen viel Spaß, und wenn die Lebensmittel auch noch gemeinsam zubereitet werden, wird es bestimmt eine schöne Wochenendaktion!

Beachte:

Stoffeinkaufstaschen schonen die Umwelt!

Familienritual:
Erste Hilfe für die Natur

Müll vermeiden ist natürlich ganz wichtig. Da aber nicht alle Menschen so denken, finden wir oft in Waldstücken Abfälle, die nicht dort hingehören. Bevor ihr mit eurer Familie Spiele oder ein Picknick im Wald macht, könnt ihr sicherlich einiges an Müll sammeln, in Taschen packen und sortieren. Später das Entsorgen nicht vergessen. Für diese Hilfsbereitschaft dürft ihr stolz auf euch sein.

Richtig toll wäre es, wenn ihr daraus ein Familienritual macht, vielleicht alle zwei Wochen oder einmal im Monat. Gemeinsam ein Stück Natur „entrümpeln" und danach dort spielen oder picknicken – dann kommt auch der Spaß nicht zu kurz!

Energien zwischen Himmel und Erde

Dann sprach Gott: Lichter sollen am Himmelsgewölbe sein, um Tag und Nacht zu scheiden. Sie sollen Zeichen sein und zur Bestimmung von Festzeiten, von Tagen und Jahren dienen; sie sollen Lichter am Himmelsgewölbe sein, die über die Erde hin leuchten. So geschah es. Gott machte die beiden großen Lichter, das größere, das über den Tag herrscht, das kleinere, das über die Nacht herrscht, auch die Sterne. Gott setzte die Lichter an das Himmelsgewölbe, damit sie über die Erde hin leuchten, über Tag und Nacht herrschen und das Licht von der Finsternis scheiden. Gott sah, dass es gut war. Es wurde Abend und es wurde Morgen: vierter Tag.

Genesis 1,14–19

GEBET

Du, Gott, hast uns die Sterne geschenkt. Große
und kleine. Wir finden einen Sternenhimmel,
einen vollen Mond und die strahlende Sonne, die
uns wärmt und alles wachsen lässt, wunderschön.
Du hast für uns den Himmel erschaffen. Hilf uns,
verantwortungsbewusst und sorgsam mit der
gesamten Schöpfung umzugehen, damit auch
morgen noch Menschen auf der Erde leben und
staunen können über deine Werke! Amen.

Mit natürlichen Energiequellen sorgsam umgehen

Der Gläubige erkennt in der Natur das wunderbare Werk des schöpferischen Eingreifens Gottes, das der Mensch verantwortlich gebrauchen darf, um in Achtung vor der inneren Ausgewogenheit der Schöpfung selbst seine berechtigten materiellen und geistigen Bedürfnisse zu befriedigen. ... Die Natur ist Ausdruck eines Plans der Liebe und der Wahrheit. Sie geht uns voraus und wird uns von Gott als Lebensraum geschenkt. Sie spricht zu uns vom Schöpfer und von seiner Liebe zu den Menschen. ... Die mit der Sorge und dem Schutz für die Umwelt zusammenhängenden Fragen müssen heute der Energieproblematik entsprechende Beachtung schenken. Das Aufkaufen der nicht erneuerbaren Energiequellen durch einige Staaten, einflussreiche Gruppen und Unternehmen stellt nämlich ein schwerwiegendes Hindernis für die Entwicklung der armen Länder dar. Diese verfügen weder über die ökonomischen Mittel, um sich Zugang zu den bestehenden nicht erneuerbaren Energiequellen zu verschaffen, noch können sie die Suche nach neuen und alternativen Quellen finanzieren. Das Aufkaufen der natürlichen Ressourcen, die sich in vielen Fällen gerade in den armen Ländern befinden, führt zu Ausbeutung und häufigen Konflikten zwischen den Nationen und auch innerhalb der Länder selbst. Solche Konflikte werden häufig gerade auf dem Boden dieser Länder ausgetragen, mit einer bedrückenden Schlussbilanz von Tod, Zerstörung und weiterem Niedergang. Die internationale Gemeinschaft hat die unumgängliche Aufgabe, die institutionellen Wege zu finden, um der Ausbeutung der nicht erneuerbaren Ressourcen Einhalt zu gebieten, und das auch unter Einbeziehung der armen Länder, um mit ihnen gemeinsam die Zukunft zu planen.

Benedikt XVI.

Was ist erneuerbare Energie?

Eigentlich ist es ganz einfach, auf der Erde zu leben, ohne die Erde zu zerstören. Gott hat uns alles geschenkt, was wir zum Leben und Überleben brauchen. Natürlich brauchen wir heute nicht mehr in Zelten ohne Heizung, Licht oder technische Geräte leben.
Gott hat uns seine wunderbare Schöpfung geschenkt, aber auch unseren Verstand. Wir können mit allen technischen Errungenschaften ein gutes Leben führen, ohne die Umwelt zu zerstören.
Mutter Erde versorgt uns mit immer neuer Energie, die wir nutzen können.

WINDENERGIE

Inzwischen gibt es in vielen Gebieten Windräder oder Windräderparks. Die Türme sind ca. 100 Meter hoch und haben Rotorblätter, die sich im Wind drehen. Wie beim Fahrraddynamo wird durch die Drehung der Rotorblätter ein Generator angetrieben, der Strom produziert.

WASSERKRAFT

So ähnlich wie aus dem Wind wird auch mit Wasser Energie gewonnen. Fließendes Wasser treibt einen Generator an, der Strom erzeugt. Dafür gibt es Wasserkraftwerke. Heute ist es auch möglich, im tiefen Meer auf diese Weise Strom zu erzeugen.

Aktion:
Wie stark ist der Wind?

Um die Kraft des Windes in der Freizeit zu erleben, könnt ihr Drachen steigen lassen. Wie hoch, wie weit und wie schwungvoll er fliegt! In der Familie könnt ihr gemeinsam einen Drachen bauen. Probiert doch einmal, euren Drachen aus Altpapier zu basteln, das ihr bunt anmalt!

Die Sonnenenergie

Ohne die Schwester Sonne, so nannte Franz von Assisi den glühenden Gasball am Himmel, gäbe es kein Leben auf der Erde. Die Sonne scheint immer, auch wenn wir sie mal nicht sehen, weil der Himmel bewölkt ist. Die Sonne gibt ständig Energie ab, die wir für uns nutzen können.

Die Energie der Sonne kann man ganz einfach erleben: Viele Taschenrechner werden durch Solarzellen betrieben und funktionieren ohne Netzstecker oder Batterien. Wenn wir das Licht der Sonnenstrahlen mit Solarzellen einfangen, kann daraus Strom gewonnen werden, ganz ohne Abgase. Es gibt die Möglichkeit, auf Hausdächern Solarzellen zu installieren, unter denen Wasserrohre laufen. Durch die Wärme der Sonne wird das Wasser erhitzt und kann zum Heizen oder zum Duschen benutzt werden.

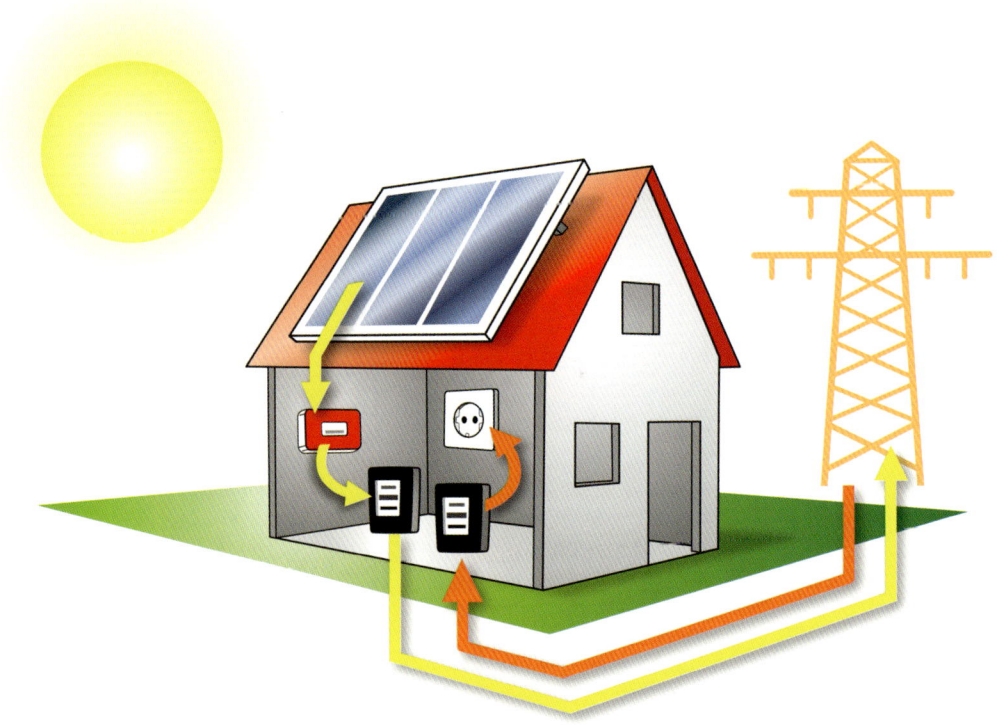

Übrigens: Es ist eine gute Möglichkeit, Kirchen und Pfarrheime oder städtische Gebäude zu heizen. So können wir zeigen, dass wir die Schöpfung schützen und dabei noch viel Geld sparen.

Die meisten Heizungen in Wohn- und Geschäftshäusern werden mit Gas, Strom oder Öl betrieben. Das lässt sich nicht immer so einfach verändern.

Solarenergie im Vatikan

Unvergesslich wird Frank Asbeck, dem Aufsichtsratsvorsitzenden der Firma „Deutsche Solar", seine persönliche Audienz bei Papst Johannes Paul II. geblieben sein. Das Unternehmen aus Freiberg in Sachsen hatte dem Vatikan eine komplette Solarstromanlage für das Dach der Audienzhalle „Paul VI." als Geschenk angeboten. Frank Asbeck übergab dem Papst symbolisch eine Solarzelle: „Heiliger Vater, aus Sand und Sonne können wir Strom machen." Darauf antwortete Papst Johannes Paul II. gelassen: „Ich weiß, der Herr kann alles." Frank Asbeck gesteht später: „Damals hab ich ganz schön alt ausgesehen." Insgesamt erhielt der Vatikan 2000 Solarmodule als Schenkung, die auf dem Dach der Audienzhalle angebracht wurden.

Der Sonnengesang

Franz wurde im Jahr 1182 in Assisi, in Norditalien, geboren. Er war ein verwöhnter Junge reicher Kaufleute. Mit 20 Jahren musste er in den Krieg ziehen und geriet in Gefangenschaft. Er wurde schwer krank und dachte über sich und das Leben nach. Franz veränderte sich, er wurde bescheiden und kümmerte sich um arme Menschen. Er erkannte in allem, was lebt, Gottes Schöpfung: in den Menschen, Tieren, Pflanzen, dem Himmel, den Sternen und in der Sonne. Seinen Dank für Gottes Schöpfung hat er in einem Gebet zusammengefasst: dem Sonnengesang. Franz lobte und dankte Gott für alles, was auf unserer Erde ist.

„Von den Vögeln können wir lernen. Lasst uns wie sie Gottes Lob durch die ganze Welt tragen."
Franz von Assisi

Familienritual:

Bring Bewegung ins Gebet

Bevor wir morgens in den Tag starten, können wir gemeinsam mit unserer Familie beten. Dies macht mit Bewegung sehr viel Freude. Ihr stellt euch gegenüber oder im Kreis auf. Zu jeder Gebetsstrophe aus dem Sonnengesang von Franz von Assisi gibt es eine Übung.

Gelobt seist du, mein Herr,
mit all deinen Geschöpfen,
Schwester Sonne besonders,
die uns den Tag macht
und durch die du uns erleuchtest.
Schön ist sie
und strahlend mit großem Glanz,
ein Bild von dir, du Höchster.

Gelobt seist du, mein Herr,
durch Bruder Mond und die Sterne,
am Himmel hast du sie gebildet,
klar und kostbar und schön.

Gelobt seist du, mein Herr,
durch Bruder Wind,
durch Luft und Wolken,
durch den heiteren Himmel
und jegliches Wetter,
durch das du deinen Geschöpfen
den Unterhalt gibst.

Gelobt seist du, mein Herr,
durch Schwester Wasser,
die sehr nützlich und demütig ist
und kostbar und rein.

Gelobt seist du, mein Herr,
durch unseren Bruder, das Feuer,
durch das du uns erleuchtest die Nacht.
Schön ist es und fröhlich
und kraftvoll und stark.

Gelobt seist du, mein Herr,
durch unsere Mutter Erde,
die uns trägt und ernährt
und vielfältige Früchte hervorbringt
und bunte Blumen und Kräuter.

1. Strophe
Ihr reibt euch die Augen, streckt und reckt
euch, schaut in den Himmel und macht
eine tiefe Verneigung.

2. Strophe
Ihr schließt die Augen, legt den Kopf zur Seite, als würdet ihr ruhen, und holt tief Luft,
denn ihr seid ja schon ausgeschlafen.

3. Strophe
Ihr schaut in den Himmel und versucht, die
Wolken einzufangen.

4. Strophe
Ihr beugt euch nach vorn, als wolltet ihr mit
euren Händen Wasser schöpfen. Stellt euch
vor, dies geht: Schöpft Wasser und führt
die zu einer Schale geformten Hände über
den Kopf. Lasst das Wasser über euren Kopf
fließen.

5. Strophe
Stellt euch vor, ihr steht an einem Lager-
feuer. Reibt eure Hände, als würdet ihr
euch wärmen.

6. Strophe
Setzt euch auf den Boden. Streichelt mit
euren Handflächen rund um euren Körper.
Nun stellt ihr euch wieder und reicht euch
gegenseitig die Hände, wünscht euch und
allen Geschöpfen dieser Erde den Frieden.
Umarmen dürft ihr euch auch. Nun verneigt
ihr euch noch einmal ganz tief vor Gott
unserem Schöpfer.

Der Sonnengesang

T: nach Franz von Assisi (1226), Nachdichtung: © Alexander Ziegert

M: August Harder 1813

1. Dich lobt, mein Gott, was du ge- macht. Der Schwes- ter Son- ne gold- ne Pracht, du len- kest ih- re Bah- nen. Sie macht den Tag, die Jah- res- zeit und lässt uns dei- ne Herr- lich- keit mit ih- rem Glanz er- ah- nen, mit ih- rem Glanz er- ah- nen.

2. Sei du gelobt für Bruder Mond,
der hoch am Sternenhimmel wohnt
vom Abend bis zum Morgen.
Auch Bruder Wind und Wolkenmeer
und alle Kräfte um uns her
|: erzählen uns dein Sorgen. :|

3. Sei du gepriesen immerdar
für Schwester Quelle, frisch und klar,
wie köstlich ist ihr Fluten.
Für Bruder Feuer, der zur Nacht
uns fröhlich stimmt und sicher macht.
|: Ein Bildnis deiner Gluten. :|

4. Auch Schwester Erde lobet dich,
sie trägt und nährt uns mütterlich,
sie schenkt uns Frucht und Blüte.
Dich lobt der Mensch, der dir zulieb
das Kreuz erträgt und Schuld vergibt.
|: Sein Lohn ist deine Güte. :|

5. Gelobt seist du durch Bruder Tod,
der doch nur unsern Leib bedroht,
wenn wir im Frieden sterben.
O selig, wer das Gute tut
und ganz in deinem Willen ruht,
|: er wird dein Leben erben. :|

Das können wir tun!

- Fenster schließen, wenn die Heizung an ist.

- Beim Schlafen braucht die Heizung nicht voll aufgedreht sein – es reichen 18 Grad in Schlafräumen.

- Eine Wolldecke oder dicke Socken und Pulli helfen auch, ein wohliges Gefühl zu haben, ohne dass die Heizung auf Hochtouren läuft.

- Im Winter nicht an der geöffneten Haustüre stundenlang quasseln. Dadurch entweicht die Wärme sofort nach draußen und die Heizung braucht mehr Energie, um die Raumtemperatur zu halten.

🖎 Wenn Fenster oder Türen nicht ganz abdichten und Kälte durch die Ritzen zieht, einfach eine Decke oder einen Türwurm (Schlange) davor legen.

🖎 Kleine Kaminöfen können bis zu 50 % Heizenergie einsparen!

🖎 Heizkörper, die ein Thermostat haben, regulieren selbstständig die Temperatur und helfen so, Energie einzusparen!

🖎 Informiert euch über neue, umweltfreundliche Entwicklungen. Auf Energiesparmessen werden in jedem Jahr neu entwickelte Techniken vorgestellt, die uns helfen, Energie im Haushalt einzusparen!

🖎 Die Deutsche Bundesstiftung Umwelt (DBU) bietet auch im Internet gute Tipps zum Thema Energiesparen!

Umweltbeauftragte gibt es übrigens auch in den verschiedensten Bistümern. Haupt- und ehrenamtliche Mitarbeiter/innen haben die Kontaktadressen.

Heiße Ohren – coole Handys?

Fast jeder hat heute ein Handy: nicht nur Erwachsene, sondern auch Kinder. So sind sie immer erreichbar und können selber nach Lust und Laune jemanden anrufen oder ansimsen. Für die Eltern ist es sicherlich beruhigend, wenn ihre Kinder immer erreichbar sind, denn heute gibt es viel weniger öffentliche Telefonzellen als noch vor ein paar Jahren.

Innerhalb des Bruchteiles einer Sekunde erreichen uns SMS-Nachrichten von Freunden oder Freundinnen, die weit weg sind oder auch nur um die Ecke vom Schulhof stehen.

Die Signale, die vom Handy ausgehen, werden direkt zum nächsten Sendemast geleitet. Von dort aus werden die Signale in eine Zentrale geschickt. In der Zentrale werden dann die Empfängerhandys gesucht und die Nachricht wird weitergeleitet.

Forscher untersuchen heute ganz intensiv, ob die Strahlungen, die Handys und Sendemasten verursachen, auch Krankheiten auslösen können. Etwas Genaues kann die Wissenschaft dazu noch nicht sagen.

Eines wissen aber die Forscher: Handys senden Mikrowellen aus. Mit Mikrowellen können Speisen erwärmt werden. Wer eine Mikrowelle zu Hause hat, weiß, dass man sich nicht vor eine eingeschaltete Mikrowelle stellen sollte. Ein Handy braucht wesentlich weniger Mikrowellen, um Informationen zu vermitteln.

Das können wir tun!

- ✑ Sicher ist sicher. Stundenlang quasseln mit dem Handy ist nicht nur sehr teuer, sondern verursacht eine starke Strahlung. Also, fasst euch kurz und telefoniert lieber vom Festnetzanschluss!

- ✑ Handys gehören nicht in die Hosentasche oder hautnah an den Körper. Handys gehören nicht ins Schlafzimmer, wo man stundenlang bestrahlt wird, auch wenn man nicht telefoniert!

- ✑ Ein niedriger SAR-Wert (0,6 W/kg) ist besser. Also kaufe dir nur ein Handy mit einem geringen SAR-Wert, um die Strahlung zu verringern.

- ✑ Achtet auf einen guten Empfang beim Telefonieren. Wenn der Empfang schlecht ist, sucht das Handy ständig massiv einen Sendemast und strahlt voller Power!

Aktion:
Sonnengegarte Früchtchen

Mit der Energie der Sonne könnt ihr sogar Früchte garen. Dazu benötigt ihr Alufolie, eine Kartoffel, ein Körbchen, einen Nagel und einen sonnigen Tag.

Das Körbchen wird mit Alufolie ausgekleidet. Der Nagel wird in der Mitte des Körbchens von unten nach oben durchgeschoben, so dass die Spitze des Nagels mitten im Körbchen hochsteht. Darauf wird die Kartoffel aufgespießt. Stellt nun das Körbchen in die Sonne. Achtet darauf, dass die Sonne immer genau auf die Kartoffel scheint. Nach einigen Stunden ist die Kartoffel gar. Die Sonnenstrahlen entwickeln eine so hohe Temperatur, dass die Kartoffel gart. Gebündelte Sonnenstrahlen werden in vielen Gegenden der Erde zum Kochen und zum Erzeugen von Strom verwendet. Natürlich könnt ihr statt der Kartoffel auch eine Karotte oder anderes Gemüse verwenden.

Aktion: Sonnenbilder

Ihr benötigt ein Blatt Papier, Wasserfarbe und Pinsel, Naturmaterialien wie z. B. Grashalme, Getreidehalme, dünne Äste. Zuerst malt ihr euer Wunschbild und legt es an einen sonnigen Platz. Nun werden Naturmaterialien auf dem Bild angeordnet. Nach ca. drei Tagen ist euer Bild fertig. Durch die Sonnenstrahlen sind die Farben verblasst. An den Stellen, an denen die Naturmaterialien liegen, bleibt die Ursprungsfarbe erhalten. Für ein Geburtstagsbild könnt ihr auch Zahlen aus Pappe auf euer Bild legen.

Aktion: Ich zaubere dir einen Regenbogen

Ihr benötigt einen Suppen- oder Salatteller, einen kleinen Taschenspiegel und ein Fenster, durch das die Sonne scheint.

Der Teller, in den ihr den Taschenspiegel gelegt habt, wird mit etwas Wasser gefüllt. Schaut mal, was geschieht! Die Sonne scheint in das Wasser. Das Wasser bricht dieses weiße Licht der Sonnenstrahlen in die sogenannten Spektralfarben, also die Farben des Regenbogens. Ist der Taschenspiegel so ausgerichtet, dass er diese Farben an eine helle Wand weiterleiten kann, erstrahlt ein bunter Regenbogen an der Wand. Der Regenbogen erinnert an den Bund, den Gott mit den Menschen geschlossen hat.

Den Sternenhimmel beobachten

Wer schon einmal in dunkler klarer Nacht den Sternenhimmel beobachtet hat, weiß, wie wunderbar die Sterne leuchten und funkeln. Es gibt Planeten, wie zum Beispiel Venus, Mars, Jupiter und Saturn, die wie die Erde um die Sonne kreisen. Diese Planeten reflektieren das Licht der Sonne; darum leuchten sie.

Wenn ihr regelmäßig den Sternenhimmel beobachtet, könnt ihr sehen, wie der Mond, die Venus und andere Himmelskörper wandern, wie sie ihren Standort wechseln. In Wahrheit bewegt sich natürlich die Erde, aber für uns sieht es so aus, als würden die Sterne über den Himmel wandern: Sie gehen im Osten auf, beschreiben einen großen Bogen und gehen dann im Westen unter. Der Polarstern befindet sich über dem Nordpol. Er bewegt sich allerdings nicht von der Stelle. An ihm könnt ihr euch gut orientieren.

Tiere

Dann sprach Gott: Das Wasser wimmle von lebendigen Wesen, und Vögel sollen über dem Land am Himmelsgewölbe dahinfliegen. Gott schuf alle Arten von großen Seetieren und anderen Lebewesen, von denen das Wasser wimmelt, und alle Arten von gefiederten Vögeln. Gott sah, dass es gut war. Gott segnete sie und sprach: Seid fruchtbar und vermehrt euch und bevölkert das Wasser im Meer, und die Vögel sollen sich auf dem Land vermehren. Es wurde Abend und es wurde Morgen: fünfter Tag.

Genesis 1,20–23

GEBET:

Du, Gott, hast die Natur wunderschön gestaltet. Großartige, vielfältige Tiere bewohnen mit uns die Erde. Doch immer mehr Arten von Tieren sterben aus, weil Menschen egoistisch und unachtsam mit ihnen umgehen. Geld, Profit und Gier sind Gründe für diese Ausrottung. Leben können wir nur im Einklang mit allen Lebewesen und den Pflanzen. Hilf uns, verantwortungsbewusster, verständnisvoller, achtsamer mit allem, was lebt, umzugehen. Amen.

Tiere – unsere Mitgeschöpfe

„Ich glaube an Gott, den Vater, den Allmächtigen, den Schöpfer des Himmels und der Erde ...“ – welchen Sinn hat es, auch heute noch Gott als Schöpfer und die Welt als seine Schöpfung zu bekennen? – Für mich sind diese beiden Funktionen des Schöpfungsberichtes – Vision und Protest – auch heute noch aktuell [...]

Die Welt ist gute Schöpfung Gottes. Sie hat ein Gefüge, einen Plan, einen Sinn. – Das ist die Vision über unsere Realität hinaus. – Und innerhalb dieses guten Gesamtgefüges steht der Mensch. Er ist hervorgehoben unter den Geschöpfen – so setzt Gottes Schöpfungshandeln neu an mit den Worten „Lasst uns Menschen machen ...“ – und er ist beauftragt mit einer besonderen Aufgabe: die Welt als Statthalter Gottes zu bebauen und zu bewahren. Der Mensch darf sich ernähren von der Schöpfung – und nach der Sintflut ist ihm auch das Fleischessen erlaubt – innerhalb des Auftrages „zu bebauen und bewahren“.

Es ist wieder still geworden um die Tötung der unzähligen Rinder; unser Gewissen hat sich beruhigt; manch einer hat vielleicht sogar seine Essgewohnheiten umgestellt.

Der Schöpfungsbericht aber erinnert uns daran, dass dies alles doch nicht wahr sein kann: weder die Massentötung der Tiere aus Angst vor BSE, noch überhaupt unser Handeln, das erst dazu geführt hat, dass wir aus Pflanzenfressern Fleischfresser gemacht haben und sich die Krankheit so ausbreiten konnte; es kann auch nicht wahr sein, dass wir Tiere in Massen halten um des alleinigen Zieles willen, dass unser Fleischgenuss gestillt werde.

Gott als den Schöpfer der Welt zu bekennen, führt Christen zu einem Lebensstil, der das Gesamtgefüge der Schöpfung beachtet. Auch wenn wir Menschen eine besondere Stellung innerhalb der Schöpfung haben, bleiben wir den Tieren als Mitgeschöpfe – Bruder Rind und Schwester Kuh – verbunden.

Prälaturpfr. Ravinder Salooja

Tiere als christliche Symbole

Wer heute einen Massentierhaltungsbetrieb sieht, mag kaum glauben, dass wir Menschen in Tieren mehr sehen als billige Fleisch-, Eier- und Milchlieferanten. Ob Tiere, deren Fleisch verzehrt wird, gut behandelt, artgerecht gehalten und gesund ernährt wurden, erkennen wir daran, dass das Fleisch mit de Siegel „aus ökologischer Landwirtschaft" gekennzeichnet ist. Das gleiche gilt für alle Produkte, die tierische Inhaltsstoffe enthalten, zum Beispiel Milch, Schokolade, Eier, Fertigprodukte (siehe Seite 58/59). Dabei sind Tiere so wichtig, dass einige von ihnen zu religiösen Symbolen geworden sind:

Der **Fisch** ist eines der ältesten Christuszeichen. Auf Griechisch heißt der Fisch „Ichthys". Daraus wurden die Anfangsbuchstaben eines kurzen Glaubensbekenntnisses:

I	Jesus
CH	Christus
TH	Gott (griech.: Theou)
Y	Sohn (griech.: Hyios)
S	Erlöser (griech.: Soter)

Das **Lamm** ist ein Opfertier und steht als Symbol für Jesus Christus. In der Bibel wird Jesus als „Lamm Gottes" bezeichnet. Darum sagen wir auch zur Hostie „Lamm Gottes". Menschen, die an Gott glauben und in Jesus den „guten Hirten" erkennen, werden im Evangelium als Schafe bezeichnet, die ihrem guten Hirten folgen. Seit über 1500 Jahren tragen die Päpste und die Erzbischöfe ein Pallium, eine um die Schulter getragene Stola aus Lammwolle.

Die **Taube** ist das Symbol für den Heiligen Geist (Mt 3,16), aber auch für die Seele (Seelenvogel) und für Maria, die Mutter Jesu. Die Taube mit dem Ölzweig im Schnabel (Gen 8,11) ist ein Symbol für Rettung und Frieden, für den Bund, den Gott mit den Menschen geschlossen hat.

Der **Pelikan** symbolisiert Jesus Christus, seinen Opfertod und die Eucharistie. Da der Pelikan nach antiker Vorstellung seine Jungen mit dem eigenen Blut ernährt, erhält er sie scheinbar dadurch am Leben. In einem Hymnus wird Jesus als „Pie Pelicane" („guter Pelikan") angerufen.

Der **Löwe** ist in der Bibel ein Symbol für (Königs-)Macht und für die schützende Kraft Gottes (Hos 5,13). Der Löwe steht auch als Symbol für den Evangelisten Markus und als Attribut des hl. Hieronymus, der mit einem Löwen seinen Wohnraum geteilt haben soll.

Der **Stier** ist im Tempelkult des Alten Testamentes ein Symbol der Stärke (Ps 92,11) und ein Symbol für den Evangelisten Lukas. Auf Grund einer falschen lateinischen Übersetzung von Ex 43,30 wird Moses oft mit „Stierhörnern" dargestellt, die nach dem Urtext Strahlen sein sollen.

Der **Adler** symbolisiert die Fürsorge Gottes, der sein Volk auf Adlerflügeln trägt (Ex 19,4). Er ist auch ein Symbol für die geistige Kraft der Hl. Schrift. Der Adler ist das Attribut des Evangelisten Johannes.

Ein **Hund** soll, wie im Buch Tobit beschrieben, neben dem Engel Raphael der treue Begleiter des jungen Tobias gewesen sein (Tob 5,17). Einer Legende nach wurde dem pestkranken hl. Rochus täglich Brot von einem Hund gebracht. Die Dominikaner bezeichnen sich selber als „Hunde des Herrn" (lat. Domini canes).

Frösche und **Kröten** soll Gott laut Altem Testament (Ex 7,29ff) als Strafe gegen die Ägypter eingesetzt haben. Da die Landfrösche Hitze gut vertragen, stehen sie als Symbol für die Gläubigen. Die sonnenscheuen Wasserfrösche stehen für den Unglauben.

Der Fisch im Meer lebt gefährlich!

In den vergangenen Jahrzehnten hat der technische Fortschritt nicht nur die Kontinente, sondern auch die Meere erobert. Mit großen Fangschiffen können immer mehr Netze ausgeworfen werden. Mit 3D-Sonargeräten und Satellitennavigation kann heute jeder Fischschwarm geortet werden. Inzwischen ist der Bestand an Raubfischen wie Thunfisch, Schwertfisch und Hai um fast 90 Prozent zurückgegangen.

Das Problem besteht darin, dass den jungen Fischen keine Zeit bleibt, sich fortzupflanzen und sich zu vermehren. So sterben Fischarten sogar aus. Fische lassen sich zwar züchten, doch dieses Züchten hat auch große Nachteile. Die Zuchtfische brauchen Medikamente und das übrige Futter der Zuchtfische verrottet auf dem Meeresgrund. Dadurch wird das Wasser verunreinigt.

Um ein Kilogramm Fisch zu züchten, werden rund vier Kilogramm Futter benötigt. Die meisten Speisefische sind Raubfische. Sie benötigen tierisches Eiweiß, also wieder Fisch. Das heißt: Um Fische zu züchten, braucht man die vierfache Menge an Fisch.

Sinnvoller für die Natur und viel gesünder für uns Menschen ist wildgefangener Fisch. Das macht aber nur dann Sinn, wenn beim Fischfang darauf geachtet wird, dass die jungen Fische Zeit genug haben, sich zu vermehren.

Das können wir tun!

Haustiere bereiten uns Menschen viel Freude. Bei der Anschaffung der Tiere wird aber oft übersehen, wie viel Arbeit und Verpflichtungen sie mit sich bringen. Es muss sehr gut überlegt werden, ob es überhaupt möglich ist, ein Tier „artgerecht" im eigenen Wohnraum zu halten.

Hunde sind besonders beliebte Haustiere. Sie werden trainiert, sind als Wachhunde nützlich und eignen sich meistens auch zum Schmusen und Toben. Schon früher nahmen Jäger einen Hund mit auf die Jagd. Hunde werden als Diensthunde, Jagdhunde und Haushunde gezüchtet. Vor der Anschaffung sollte man gut überlegen, welche Rasse am geeignetsten ist. Manche Hundearten brauchen sehr viel Auslauf, manche sind familiengeeigneter als andere.

Katzenfreunde sollten nicht vergessen, dass diese Tiere Raubtiere sind. Das setzt bei der Haltung einer Katze viel Verständnis voraus.

Bei der Haltung von **Vögeln** ist es gut zu bedenken, ob sie in einem Käfig oder in einer Voliere gehalten werden sollen oder ob sie frei im Zimmer fliegen können. Manche Vogelarten brauchen die Gesellschaft von Artgenossen und sollten nur als Pärchen angeschafft werden.

Gerne werden auch **Nagetiere** in Wohnungen gehalten, zum Beispiel Hamster, Zwergkaninchen oder Mäuse. Sie eignen sich nicht unbedingt als Schmusetiere und sind wie alle anderen Haustiere sehr pflegebedürftig. Außerdem sind manche von ihnen nachtaktiv und wollen tagsüber schlafen.

In jedem Falle ist es jedoch vor der Anschaffung eines Haustieres wichtig, sich über eine artgerechte Haltung bei Fachleuten zu erkundigen.

VÖGEL FÜTTERN

Vögel brauchen im Winter Kohlenhydrate und Fette, damit sie in der Kälte überleben. Getreide und Körner enthalten Fett, Kohlenhydrate, Mineralien und Vitamine. Es gibt auch fertige Futtermischungen sowie Meisenknödel zum Aufhängen. Vogelbeeren, Hagebutten, Äpfel und Früchte des Pfaffenhütchens sind bei den Vögeln sehr beliebt. Hat man erst einmal mit dem Füttern angefangen, darf man erst wieder aufhören, wenn das Wetter milder wird, denn die Vögel haben sich an den Futterplatz gewöhnt und würden verhungern, bevor sie an einem anderen Ort Nahrung finden.

IGEL GEFUNDEN

Wer einen Igel findet, sollte sich unbedingt an eine Igelstation und/oder einen Tierarzt wenden. Dort wird der Igel medizinisch behandelt, und der Igelfinder bekommt fachkundige Hinweise zum Umgang mit dem Tier.

Spiel: Die Arche Noah

Gott rettete die Menschen und die Tiere vor der großen Flut. Die Bibel berichtet darüber in Genesis 6-8.

Noah baute eine große Arche, in der alle Tiergattungen ihren Platz fanden. Von jeder Gattung gab es ein männliches und ein weibliches Tier. Noah hatte ein System ausgearbeitet, nach dem die Tiere an Bord gehen konnten. Nur nach diesem System konnten die Tiere ihren Platz in der riesigen Arche finden.

Ein Mitspieler fordert dazu auf, einzelne Tiergattungen zu benennen. Die Mitspieler sollen herausfinden, in welcher Reihenfolge die Tiere kommen dürfen. Wer von den Mitspielern das System erkennt, hilft nun dem Spielleiter, verrät aber nicht das System.

Lösung: Die einzuladenden Tiere dürfen in folgender Reihenfolge in die Arche: der, die, das. Zum Beispiel: Der Löwe, die Ente, das Eichhörnchen und wieder der Kuckuck, die Möwe, das Meerschweinchen usw.

Aktion: Wir basteln eine Vogeltränke

Vögel trinken nicht nur Wasser, sie baden auch gerne. Das sieht lustig aus! Ihr könnt aus Ton eine Schale formen und sie in einem Bastelgeschäft brennen lassen. Die fertige Schale stellt ihr an einen ruhigen Ort im Garten. Achtet darauf, dass ihr die Schale beobachten könnt, denn Katzen schleichen sich gerne an die Vögel heran.

Aktion: Wespennisthilfe

Wir und unsere Umwelt brauchen Insekten. Manchmal sind diese zwar ganz schön lästig, doch sie sind wichtig innerhalb der natürlichen Nahrungskette, in erster Linie für Fledermäuse und Vögel. Darum ist es gut, Mücken, Wespen, Fliegen und Spinnen eine Nisthilfe zu geben.

Bohrt viele kleine Löcher in eine Baumscheibe. Die Löcher dürfen unterschiedlich groß sein. Jedoch sollten sie 5 bis 10 cm tief und nicht breiter als 10 mm sein. Mit ein wenig Geduld werdet ihr bald beobachten können, dass Solitärbienen in die Baumscheibe einziehen. Die Bienen ernähren sich von kleinen Insekten. Keine Angst! Die Bienen sind für euch völlig ungefährlich.

Fledermäuse nicht nur in Gruselgeschichten

Fledermäuse sind in unserem Land nur noch selten zu finden. Das ist sehr schade. Der Grund dafür ist, dass ihre Lebensräume zerstört werden und dass sie nicht genügend Insekten finden und sich so kaum ernähren können. Fledermäuse lieben alte Bäume oder Nistkästen, die man aus altem Holz basteln oder in Gartencentern kaufen kann. Nachts Fledermäuse zu beobachten, macht viel Spaß.

Auch Vögel lieben Nistkästen. Die jungen Vögel beim Schlüpfen und den ersten Flugversuchen zu beobachten, ist etwas ganz besonders Schönes.

Ein Zuhause für Schmetterlinge

Brennnesseln können für uns Menschen, wenn wir sie berühren, sehr unangenehm werden. Die Hautstelle, mit der wir Brennnesseln berühren, brennt und juckt und manchmal bilden sich sogar kleine Bläschen auf der Haut.

Ganz anders als wir Menschen erfreuen sich Schmetterlinge an ihnen. In den Brennnesseln finden sich bald schon Raupen/Kokons ein, und es entstehen wunderschöne Schmetterlinge.

Ameisen auf der Spur

Im Sommer kann man an vielen Stellen in der Natur Ameisen entdecken. Manchmal kommen sie über Terrassen oder Hauseingängen bis in die Küche. Dann sieht man eine lange Karawane von Ameisen über den Fußboden krabbeln. Die Arbeiterinnen sind ungeheuer fleißig. Sie sind ständig auf der Suche nach Essbarem. Für Süßigkeiten legen sie manchmal lange Strecken zurück. Diese kleinen Insekten verirren sich nie oder wandern in den falschen Ameisenbau. Dafür gibt es eine einfache Erklärung: Ameisen erkennen sich am Geruch, und weil jede Ameisenkolonie anders riecht, finden sie ohne Probleme ihre Kolonie. Wir können übrigens den Ameisenweg umleiten. Doch Vorsicht! Belästige die Ameisen nie in ihrem Nesthügel!

Lege einen Pappbogen auf eine Ameisenspur. Tropfe etwas Wasser auf einen Zuckerwürfel und male damit eine Straße oder ein Bild auf die Pappe (der Zuckerwürfel muss zwischendurch immer wieder mit Wasser beträufelt werden).

Nun brauchst du Geduld und einen Platz, von dem aus du die Ameisen beobachten kannst. Du wirst staunen! Denn wenn die Ameisen dein Zuckerbild entdeckt haben, wandern sie darauf hin und her. Sie sammeln den süßen Stoff und bringen ihn in ihren Ameisenbau.

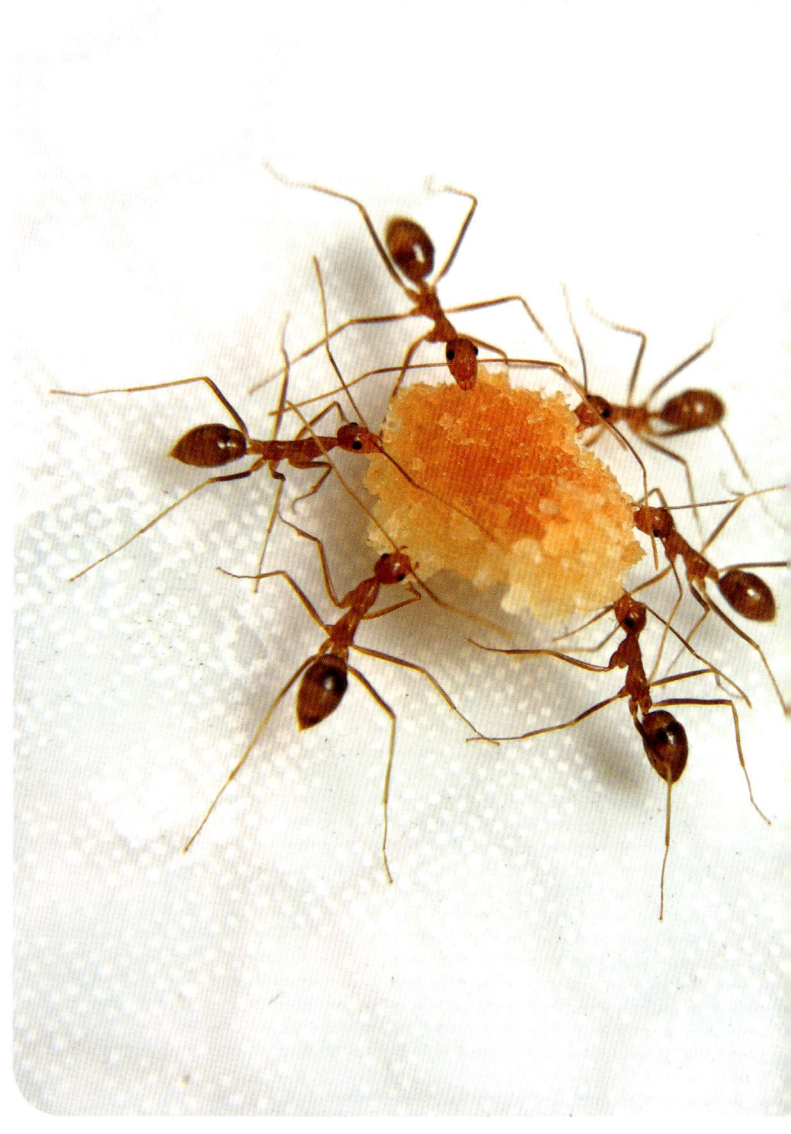

Menschliches Miteinander

Dann sprach Gott: Das Land bringe alle Arten von lebendigen Wesen hervor, von Vieh, von Kriechtieren und von Tieren des Feldes. So geschah es. Gott machte alle Arten von Tieren des Feldes, alle Arten von Vieh und alle Arten von Kriechtieren auf dem Erdboden. Gott sah, dass es gut war.

Dann sprach Gott: Lasst uns Menschen machen als unser Abbild, uns ähnlich. Sie sollen herrschen über die Fische des Meeres, über die Vögel des Himmels, über das Vieh, über die ganze Erde und über alle Kriechtiere auf dem Land. Gott schuf also den Menschen als sein Abbild; als Abbild Gottes schuf er ihn. Als Mann und Frau schuf er sie. Gott segnete sie und Gott sprach zu ihnen: Seid fruchtbar und vermehrt euch, bevölkert die Erde, unterwerft sie euch und herrscht über die Fische des Meeres, über die Vögel des Himmels und über alle Tiere, die sich auf dem Land regen.

Dann sprach Gott: Hiermit übergebe ich euch alle Pflanzen auf der ganzen Erde, die Samen tragen, und alle Bäume mit samenhaltigen Früchten. Euch sollen sie zur Nahrung dienen. Allen Tieren des Feldes, allen Vögeln des Himmels und allem, was sich auf der Erde regt, was Lebensatem in sich hat, gebe ich alle grünen Pflanzen zur Nahrung. So geschah es. Gott sah alles an, was er gemacht hatte: Es war sehr gut. Es wurde Abend und es wurde Morgen: der sechste Tag.

Genesis 1,24–31

GEBET:

Du, Gott, kannst unsere Fehler und unsere Sünden vergeben, wenn wir dich darum bitten. Doch gibt es auch Fehler, die wir nicht mehr gutmachen können. Pflanzen und Tiere sterben aus, weil wir Menschen uns falsch verhalten. Menschen führen Kriege gegeneinander, sind ungerecht zueinander und beuten andere Menschen aus. All dies darf nicht sein. Rücksichtnahme, Teilen, Frieden und Liebe sollten uns Menschen ein Leben im Paradies auf Erden ermöglichen. Hilf uns allen, respektvoll miteinander umzugehen – mit anderen Menschen, mit Tieren, mit den Pflanzen. Amen.

Geschöpfe Gottes sein

Der Höhepunkt von Gottes Schöpfungsakt ist die Erschaffung des Menschen. Der Mensch wird zum Höhepunkt der Schöpfung erhoben und erscheint damit als das „Meisterwerk Gottes". Er ist nicht nur „gut" wie alle anderen Geschöpfe, sondern „sehr gut" (Gen 1,31), „vollkommen". Das spiegelt auch der Psalm 139 wider; „Ich danke, dass du mich so wunderbar gestaltet hast" (Vers 14).

Gott hat den Menschen geschaffen, das heißt, der Mensch hängt als Geschöpf ganz von Gott ab. Das ist die Grundbeziehung des Menschen, und

er sollte sich dies immer vor Augen halten. All das, was der Mensch ist und tut, ist er und tut er als Geschöpf.

Wenn der Mensch auf die Stimme Gottes hört und tut, was Gott sagt, dann trägt er dazu bei, jenes Abbild Gottes zum Vorschein kommen zu lassen, als das er geschaffen wurde. Und gleichzeitig offenbart sich der Plan Gottes für die Menschheit – ein Plan der Erlösung und der Verherrlichung.

In Jesus, dem wahren Abbild des Vaters, findet der Mensch sein Vorbild, seine Verwirklichung. Und Jesus lehrt uns zwei Dinge, die eigentlich eins sind: Kinder eines Vaters und einander Brüder und Schwestern zu sein. Und Kinder eines Vaters zu sein, das leben wir vor allem dann, wenn wir die Liebe zu unseren Brüdern und Schwestern praktizieren. Die Kennzeichen dieser Liebe sind andere als die einer rein natürlichen Liebe. Eine solche Liebe verlangt, alle Menschen ohne Unterschied zu lieben, so wie Gott, der „seine Sonne aufgehen lässt über Bösen und Guten und regnen lässt über Gerechte und Ungerechte" (Mt 5,45). Wir können also keinen Unterschied machen zwischen dem, der uns sympathisch oder unsympathisch ist, hübsch oder hässlich, aus meinem Land oder Ausländer, weiß, schwarz oder gelb, zwischen dem, der Christ, Jude oder Muslim ist. Die wirkliche Liebe kennt keine Form der Diskriminierung.

Chiara Lubich

Was ist Fairer Handel?

In den armen Ländern unserer Erde werden die Erzeuger von vielen landwirtschaftlichen Produkten wie Zucker, Baumwolle, Kaffee, Kakao, Tee usw. ausgebeutet. Das heißt, dass nicht die Produzenten selbst, sondern die „Börse" den Preis für die Ware bestimmt. Alle wollen verdienen: die Zwischenhändler, die Transportunternehmen und das Geschäft in unserer Stadt. Die Erzeuger, die meist aus ohnehin benachteiligten Ländern stammen, erhalten kaum genug Geld, um sich und ihre Familien zu ernähren. Sie sind immer abhängig von den Menschen, die ihre Ware kaufen. Die Bauern aus den Entwicklungsländern produzieren fast ausschließlich für den Export (die Ware wird in andere Länder verschickt und bleibt nur zu einem kleinen Teil im eigenen Land). Sie sind abhängig von dem Preis, der ihnen von den Zwischenhändlern bezahlt wird, und das ist sehr wenig.

Die Schokolade in unserem Supermarkt wird aus Kakaobohnen hergestellt. Kakaobohnen wachsen zum Beispiel in Afrika an der Elfenbeinküste. Die Pflege der Kakaobäume bis hin zur Ernte ist harte Arbeit. Oftmals können die Kinder der Kakaobauern gar nicht in die Schule gehen. Zum einen reicht das Geld, das die Familie verdient, kaum zum Leben. Zum

anderen brauchen die Kakaobauern die Hilfe der Kinder, weil sie dann weniger Arbeiter bezahlen müssen. Wie die leckere Schokolade schmeckt, wissen diese Kinder nicht, denn kaufen können sie selbst die teure Schokolade nicht.

Schokolade aus dem Fairen Handel ist teurer als die nicht fair gehandelte Schokolade. Es lohnt sich dennoch, die fair gehandelte Schokolade zu kaufen, denn dadurch ermöglichen wir den Kindern der Kakaobauern eine Schulausbildung und den Familien ein besseres Einkommen. Kakao und Schokolade sind nur Beispiele. Es gibt bereits sehr viel mehr Produkte aus Fairem Handel.

Durch den Fairen Handel wird versucht, den benachteiligten Erzeugern gerechte Preise zu bezahlen. Wenn bei uns eine Tafel Schokolade 1 Euro kostet, verdient der Kakaobauer 1 Cent daran. Das ist unfair! An fair gehandelter Schokolade verdient er viel mehr, weil der Kleinbauer mit dem Schokoladenhersteller selbst einen Preis aushandelt, ohne dass noch ein Zwischenhändler daran verdient.

GEBET

Lieber Gott, Du hast uns mit den Früchten, die auf der Erde wachsen, beschenkt, damit wir uns gesund ernähren können. Wenn wir Früchte aus armen Ländern brauchen, ist es wichtig, dass wir fair sind und dafür sorgen, dass auch die Kleinbauern und ihre Familien genug zum Leben haben. Hilf uns, vernünftig darüber nachzudenken, was für alle Menschen gut ist. Amen.

Frieden den Menschen!

Auch wenn es uns so scheint, Frieden ist nicht überall auf der Welt selbstverständlich. Kriege haben schreckliche Folgen für die Menschen in den betroffenen Ländern. Kinder trifft es besonders hart. Es ist sehr wichtig, dass wir lernen, Kriege zu verhindern.

Die Verantwortung für ein friedliches Miteinander sollten wir jedoch nicht nur den Politikern in die Schuhe schieben. Jeder kann etwas tun! Egal, ob in eurem Wohnort viele oder wenige ausländische Mitbürger leben: Denkt daran, dass diese Menschen oft aus Notsituationen hierher flüchten mussten. Lernt sie kennen! Selbst wenn ihr nicht mit jedem sofort die „dicksten Freunde" werdet – ein paar freundliche Worte, wie mit anderen Nachbarn auch, helfen schon, um einander kennenzulernen.

Kinder brauchen besonderen Schutz

Die Vereinten Nationen haben die Rechte der Kinder aufgeschrieben. Alle Nationen haben diese Sammlung von Kinderrechten unterschrieben. So werden durch diesen unterschriebenen Vertrag, die Kinderrechtskonvention, ungefähr 2 Milliarden Kinder weltweit geschützt. Alle Kinder der ganzen Welt sollen so leben dürfen, wie es für ihre Entwicklung gut ist. Spielen und lernen ohne Gewalt, ohne Missbrauch, Hunger und Not.

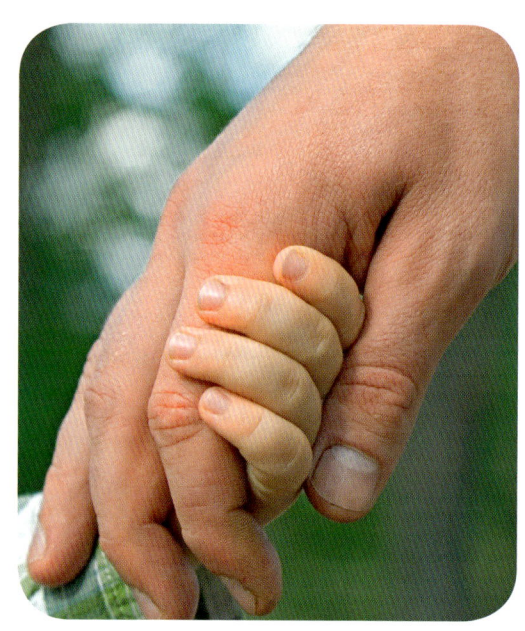

Heute müssen leider immer noch viele Kinder in armen
Ländern den ganzen Tag schwere Arbeit in Fabriken
leisten. Zum Beispiel Teppiche knüpfen, Stoffe von Hand
einfärben, Abernten von Feldern und Bäumen usw.
Die Kinderrechtskonvention verlangt von allen Ländern,
dafür zu sorgen, dass Jungen und Mädchen kostenlos eine
Schule besuchen können.

Das können wir tun!

Weltweit sind etwa 327 Millionen Kinder
erwerbstätig. Diese Kinder arbeiten z.T.
wie Sklaven. Sie haben keine Chance, eine
Schule zu besuchen, und erhalten kaum
das Nötigste zum Leben.

Wir als Verbraucher können uns erkundigen,
wo die Hersteller ihre Waren produzieren. Je
mehr Verbraucher ihr Kaufverhalten umstellen (z.B. Waren
mit einem „Fair-Siegel" kaufen), umso größer wird die
Chance, dass die Hersteller Kinder nicht mehr ausbeuten.
Betroffen sind alle Arten von Produkten:
Bananen, Orangensaft, Reis, Schokolade, Gewürze, Kaffee,
Kakao, Süßigkeiten, Tee, tropische Früchte, Zucker (aus
Zuckerrohr), Kleidung aus Baumwolle und Seide, Produkte
aus Holz, Gesteinsmehl, Kautschuk, Blumen, Feuerwerks-
körper, Fußbälle, Coltan (verwendet für Handys), Heim-
textilien, Sportbekleidung, Schuhe, Teppiche ...

Mit der Erde kannst du spielen

T: Reinhard Bäcker
M: Detlev Jöcker
aus: Heut ist ein Tag, an dem ich singen kann

© Menschenkinder Verlag, 48157 Münster

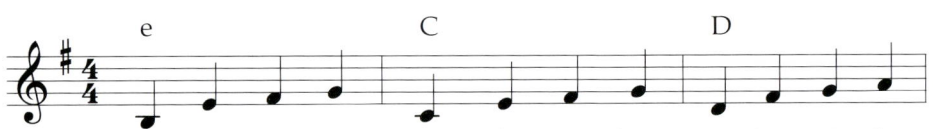

1. Mit der Er-de kannst du spie-len, spie-len wie der
und du baust in dei-nen Träu-men dir ein bun-tes

Wind im Sand, Mit der Er-de kannst du bau-en,
Träu-me-land.

bau-en dir ein schö-nes Haus, doch du soll-test nie ver-ges-sen:

Ein-mal ziehst du wie-der aus. *Refrain:* Ei-ne Hand-voll

Er-de, schau sie dir an. Gott sprach einst: Es

wer-de! Den-ke dar-an. Den-ke dar-an.

2. Auf der Erde kannst du stehen –
stehen, weil der Grund dich hält,
und so bietet dir die Erde
einen Standpunkt in der Welt.
In die Erde kannst du pflanzen –
pflanzen einen Hoffnungsbaum,
und er schenkt dir viele Jahre
einen bunten Blütentraum.

Refrain: Eine Handvoll Erde ...

3. Auf der Erde darfst du leben –
leben ganz und jetzt und hier,
und du kannst das Leben lieben,
denn der Schöpfer schenkt es dir.
Unsre Erde zu bewahren –
zu bewahren das, was lebt,
hat Gott dir und mir geboten,
weil er seine Erde liebt.

Refrain: Eine Handvoll Erde ...

Aktion: Friedenskreis – miteinander teilen

Auch in Familien gibt es Streit. Das gehört einfach zum Leben dazu. Jeder hat seinen Standpunkt und seine Meinung. Wichtig ist, über das, was euch verärgert und verletzt, zu sprechen. Jeder Mensch ist einmalig! Darum dürfen wir auch unterschiedlich sein. Wenn es einmal ganz heftig kracht und es scheinbar keinen Ausweg aus dem Streit zu geben scheint, macht es uns sehr traurig.

Ein Angebot können wir dennoch dem anderen immer machen. Teilen! Wir können eine Scheibe Brot in einige kleine Stücke schneiden und jedem Familienmitglied ein kleines Stückchen davon reichen. Damit zeigen wir, dass wir Respekt voreinander haben, den anderen ernst nehmen und bereit sind, trotz einer anderen Meinung miteinander etwas Lebenswichtiges zu teilen, nämlich Brot.

Familienritual: Das Familienbuch

Familien erleben täglich neue Situationen. Bastelt ein Familienbuch, in dem ihr regelmäßig aufschreibt, was es Neues gibt.
Zum Beispiel: Das war bei uns los, witzige kleine Geschichten, lustige Bemerkungen, ein leckeres Essen, es gab auch Streit, wir hatten Besuch usw. Ihr könnt zum Beispiel Blätter, getrocknete Blüten, Fotos oder Zeitungsausschnitte einkleben. Dieses Familienbuch wird im Wohnzimmer aufbewahrt und jedes Jahr neu angelegt.

Entschleunigung

So wurden Himmel und Erde vollendet und ihr ganzes Gefüge. Am siebten Tag vollendete Gott das Werk, das er geschaffen hatte, und er ruhte am siebten Tag, nachdem er sein ganzes Werk vollbracht hatte. Und Gott segnete den siebten Tag und erklärte ihn für heilig; denn an ihm ruhte Gott, nachdem er das ganze Werk der Schöpfung vollendet hatte.

Genesis 2,1–3

GEBET:

Du, Gott, hast uns den siebten Tag der Woche geschenkt, damit wir uns ausruhen und uns auf uns besinnen können. Mit dir dürfen wir uns die Zeit nehmen, um über unser Leben nachzudenken, damit wir uns immer wieder daran erinnern, wie sehr du uns liebst. Amen.

Die Vollendung der Schöpfung

In Genesis 2,1-3 ist von der Sabbatruhe Gottes die Rede, von der Augustinus sagt, sie halte derzeit noch an. Man soll und darf diese Zeilen nicht als Legitimierung des Sabbat- oder Sonntagsgebotes verstehen, wiewohl diese Praxis dem Erzähler lebendig vor Augen steht. Hier wird nicht das Gebot der Sabbatheiligung (Ex 20, 8-11 und Dt 5,12-15) vorbereitet. Hier wird ja nicht von der Ruhe des Menschen, sondern von der Ruhe Gottes gesprochen. Das Verb schabat heißt eigentlich nicht ruhen, sondern aufhören. Also ist gemeint: Gott hört mit der Arbeit auf! Er erklärt die Schöpfung für beendet, so wie ein Künstler sein Bild oder sein Musikstück für vollendet erklärt – und sich nicht im Nachhinein hinsetzt und daran noch etwas nachbessert. Es liegt auch so etwas wie ein gewisser Stolz in den Worten, oder wenn man will: Trotz. „Diese meine Schöpfung ist fertig – und selbst Leibniz mit seinen Überlegungen über eine möglicherweise noch bessere Welt kann mich nicht bewegen, noch etwas an der Schöpfung nachzubessern; es sei denn eben am freiheitsbegabten Menschenwesen!"

Beim Menschenwesen wird Gott nochmals ansetzen, aber nicht kittend und übertünchend, sondern völlig neu: in einem noch grandioseren Schöpfungswerk, eben dem Neuanfang des Lebens in Jesus Christus und denen, die sich ihm in Glauben und Taufe zugesellen. So urteilt der Apostel Paulus, der im Rückgriff auf unseren Text Genesis 1 von den Christusgläubigen als einer neuen Schöpfung spricht (2 Kor 5,17).

Wenn Gott diesen siebten Tag für heilig erklärt, also von den übrigen Tagen absondert, sagt er damit etwas über das ganze Schöpfungswerk. Wenn er diesen Tag segnet, ist damit gesagt: Die von Arbeit und Wirken angefüllte Zeit allein ist nicht die Zeit, die Gott als einzige geschaffen hat. Die von Gott geschaffene Zeit ist eine Zeit, die eine Zielrichtung hat, eben in dem Tag, von dem dann nicht mehr gesagt werden kann: „Siehe, es war Abend, und es wurde Morgen: der siebte Tag". Der siebte Tag ist gleichsam der geheime Sinn der Schöpfung.

Bischof Joachim Wanke

Entschleunigt leben

Zeit haben, Zeit brauchen, Zeit verlieren, Zeit nutzen, Zeit vergeuden, Zeit gewinnen: Alle Menschen beschäftigen sich zwangsläufig mit dem Thema Zeit. Der eine langweilt sich, der andere steht unter permanentem Zeitdruck. Für Vielbeschäftigte gibt es die spitze Redewendung: Mein Tag hat 24 Arbeitsstunden und die Nacht 12, sind 36 Stunden. Alles kein Problem, ich schaffe das! Wir haben oder machen Termine für wichtige Angelegenheiten. Wir lassen unsere Zeit oft von anderen Menschen bestimmen: bei der Arbeit, für Arztbesuche, für Geburtstags- oder andere Feiern, durch Fernsehen, Computer, Handys, Radio usw.

Unsere Gesellschaft wird immer schneller; Autos, Flugzeuge, Produktionsmaschinen, Internet – alles ist inzwischen „blitzschnell" geworden. Die Zeit rinnt uns oftmals davon. Schnell, schneller, immer schneller, noch mehr beschleunigen.

Im Alltag leben wir häufig nur noch mit Terminkalender und Handy, um immer und überall erreichbar zu sein, und haben die tickenden Uhren im Blick. Unsere Kinder lernen dieses Verhalten von uns. Statt, wie Jugendliche es ausdrücken, zu chillen, hetzen schon die Jüngsten von einem Termin zum anderen. Die Zeit, die ungefüllt und nicht durch Termine bestimmt ist, verbringen viele am PC oder vor dem Fernseher. Berieselt von ständigen Inputs fällt es schwer, sich fallen zu lassen, loszulassen, das Wesentliche des Lebens in den Blick zu nehmen und im Herzen zu tragen. Es gilt heute mehr denn je, Zeit als ein sehr anspruchsvolles, „begrenztes Gut" anzuerkennen. Sich und das eigene Leben wertzuschätzen, als Geschenk, und den Menschen als „Krone der Schöpfung" betrachten zu lernen.

„Entschleunigt leben" meint, genau hinzusehen, womit wir unsere Zeit verbringen. Lebe bewusst! Lebe nicht als Sklave deiner Terminplanung oder deiner ständigen Erreichbarkeit. Lebe in einem gesunden Rhythmus von Arbeit und Freizeit. Nimm dir Zeit für Dinge, die dir wichtig sind. Nimm dir Zeit, um dich zu fragen, was dir wirklich wichtig ist. Nimm dir Zeit, um dich schöpferisch von unserem Schöpfer auffüllen und erfüllen zu lassen.

Einige Fragen helfen dabei, entschleunigt zu leben: Wie gehe ich mit meiner „Lebenszeit" um? Kann ich Zeitdruck von mir abwenden? Wozu bin ich geschaffen? Es geht nicht nur um „Zeit" im Sinne von Uhrzeit, sondern es geht um das Erspüren, wie ich mit meiner und mit der Lebenszeit anderer Menschen umgehe.

Entschleunigt leben können wir nicht nur für uns als Einzelne einüben. Mit anderen Menschen verbrachte Zeit ist keine verlorene Zeit. Familien, Freunden, Nachbarn, „Notleidenden" ein offenes Ohr, ein freundliches Wort, einen Augenblick der Zuwendung entgegenbringen, ist keine Vergeudung. Die Schöpfung sorgt für uns und alle Geschöpfe. Darum tragen auch wir Sorge um unsere Schöpfung mit all ihren Geschöpfen.

Phasen der Langsamkeit, der Besinnung sind lebenswichtig, um wahrzunehmen, was das Leben lebenswert macht.

„Nimm dir jeden Tag eine halbe Stunde Zeit zum Gebet, außer wenn du viel zu tun hast, dann nimm dir eine ganze Stunde."
Franz von Sales

Wunderbare Zeitvermehrung

Lothar Zenetti formuliert die Bibelstelle „Wundersame Brotvermehrung" auf interessante Weise um:

Als Jesus die vielen Menschen sah, taten sie ihm leid. Er tröstete sie und verkündigte ihnen die Liebe Gottes. Darüber wurde es Abend. Da traten seine Jünger zu ihm und sprachen: „Herr, es ist spät, lass sie gehen, sie haben ohnehin keine Zeit mehr!" Da sagte Jesus zu ihnen: „Dann gebt ihnen von eurer Zeit!" Da waren sie verblüfft und antworteten: „Wir haben selbst keine Zeit. Die wenige, die wir haben, reicht nicht für alle aus." Doch einer unter ihnen hatte noch fünf Termine frei − dazu zwei Viertelstunden. Jesus lächelte und sagte: „Das ist ja schon etwas!" Er nahm die fünf Termine und dazu die beiden Viertelstunden, blickte auf zum Himmel und sprach das Dankgebet. Und dann ließ er sie durch seine Jünger austeilen, die kostbare Zeit. Jeder bekam etwas davon. Und siehe da: Es reichte für alle. Keiner ging leer aus. Am Ende blieben sogar noch zwölf Tage an Zeit über. Dabei waren es fünftausend Männer, von den Frauen und Kindern ganz zu schweigen. Es heißt, dass die Jünger nur so staunten. Denn sie alle haben es gesehen und sprachen untereinander: „Selbst das Unmögliche wird möglich, durch ihn!"

Lothar Zenetti

„Wenn deine Seele keinen Sonntag hat, dann verdorrt sie."

Albert Schweitzer

Verschenke Zeitgutscheine

Zeitgutscheine verschenken ist eine wunderbare Möglichkeit, sich selber eine Freude zu machen. Ich schenke mir Zeit oder ich verschenke Zeit. Zum Beispiel Gutscheine für einen Spaziergang, eine gemeinsame Gebetsstunde, zum Spielen, zum Aufräumen, zum Vorlesen, zum Basteln usw.

Familienritual: Das „Stille Örtchen"

Schenk dir und deiner Familie eine Auszeit. Gestaltungsmöglichkeiten: Sinnvoll ist es, einen bestimmten Ort in der Wohnung auszuwählen, der zum festen Gebets - oder „Ort der Stille" wird. Hierin kann sich jeder Einzelne aber auch die ganze Familie zurückziehen. Zum Beispiel eine kleine Ecke im Wohnzimmer. Eine Kerze, eine Bibel, Blumen dürfen immer bereitstehen.

An eurem Ort der Stille können auch Gespräche geführt werden: nach einer gelungen Klassenarbeit, nach einer misslungenen Klassenarbeit, vor einer Prüfung, vor einem Bewerbungsgespräch, weil es Streit oder Missstimmungen euch betreffend gibt usw. Lasst einander teilhaben an eurem Leben, an den guten, wie an den schwierigen Dingen. Zeit teilen – Zeit schenken. So funktioniert jede Gemeinschaft.

Aktion: Besinnungszeiten

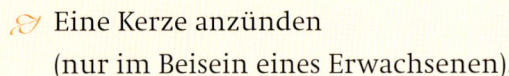

Entschleunigsübungen (Besinnungszeiten) sind für Einzelne und ganze Familien geeignet. Wählt einen Ort, an dem ihr während der Gebets - und Meditationszeit ungestört seid, zum Beispiel euer „stilles Örtchen".

- Papier und Stift bereithalten, um Gedanken und Gefühle zu notieren, damit diese im Laufe des Tages nicht verloren gehen.

- Eine Kerze anzünden (nur im Beisein eines Erwachsenen).

- Eine gute, entspannte Sitzposition einnehmen.

- Den Atem kommen und gehen lassen: Sagt euch im Stillen: „Ich brauche nichts zu leisten. Meine Gedanken dürfen einfach vorüberziehen. Jetzt zählt nur mein Dasein vor Gott. So, wie ich hier bin, darf ich vor Gott sein. Gott schaut mich in Liebe an."

- Ihr könnt leise beten oder einer von euch spricht ein Gebet vor, zum Beispiel:

Atme in mir, Heiliger Geist, dass ich Heiliges denke.
Treibe mich, Heiliger Geist, dass ich Heiliges wirke.
Locke mich, Heiliger Geist, dass ich Heiliges liebe.
Stärke mich, Heiliger Geist, dass ich Heiliges hüte.
Hüte mich, Heiliger Geist, dass ich das Heilige nimmer verliere.

Augustinus

DAS GEBET DER LIEBENDEN AUFMERKSAMKEIT
nach Ignatius von Loyola

Für Erwachsene, die wieder zur Ruhe kommen möchten, Antworten suchen, Entscheidungen treffen müssen und sich stärken möchten. Eine Familie versorgen ist eine große Aufgabe, die Kraft kostet, sehr zeitaufwendig ist, jedoch auch die schönsten Überraschungen bereithält. Familien, Kinder sind uns anvertraut, weil Gott sie uns zutraut. Beginnt das Gebet, wie auf der vorigen Seite beschrieben: eine entspannte Haltung einnehmen, ruhig atmen, die Gedanken frei vorüberziehen lassen und einfach vor Gott sein.

ICH SUCHE EINEN ORT, AN DEM ICH UNGESTÖRT BIN, UND NEHME MIR 15 MINUTEN ZEIT.

So, wie ich hier bin, darf ich vor Gott sein. Gott schaut mich in Liebe an.
Ich bitte darum, mit den Augen Gottes auf meinen Tag und auf mich selbst zu schauen.
Ich betrachte rückblickend den vergangenen Tag, ohne zu bewerten.
Was war warum heute für mich wichtig? Ich gehe Stück für Stück, Stunde für Stunde meinen Tag, mein Handeln und die Menschen, mit denen ich zu tun hatte, nochmals durch. Dabei lasse ich meine Gefühle in aller Freiheit aufkommen. Vielleicht spüre ich deutlicher als im Tagesgeschehen meine Unruhe, meine Freude, meine Angst, meine Dankbarkeit, meine Trauer, meinen Ärger, meine Liebe, mein Immer–wieder-hin-und-hergerissen-Sein. Es geht darum, einen Moment zu verweilen, nachzuspüren, was mich bewegt und anrührt.

ALL DAS, WAS ICH WAHRNEHME, BRINGE ICH VOR GOTT.

Für das Gute, das Gelungene an diesem Tag danke ich (auch für die Selbstverständlichkeiten wie Essen, Trinken, Gesundheit).
Für das, was unfertig geblieben ist, für mein Versagen bitte ich um das Erbarmen Gottes. Ich bitte Gott um Vergebung und danke ihm und danke auch dafür, dass ich das zurückgeben darf, was ich schuldig geblieben bin.

ICH SCHAUE AUF DEN NÄCHSTEN TAG.

Ich vertraue voller Hoffnung auf die Hilfe des Herrn und bitte ihn um seine Kraft. Ich nehme mir vor, dass ich mit seiner Gnade in Zukunft bewusst versuche, meine Schwächen in etwas Gutes, Besseres zu verwandeln, in kleinen, überschaubaren Schritten und erbitte dazu Gottes Gnade.

Staunen

Ich bilde mir ein, viel zu wissen. Ich glaube, den Überblick, den Durchblick zu haben. Ein Knopfdruck am Computer, Radio oder Fernseher reicht, um mir weltweit Informationen zu beschaffen. Ich habe viele Jahre Lebenserfahrung. Ich glaube, mitreden zu können bei den großen Themen der Weltpolitik. Doch es gibt Momente in meinem Leben, da werde ich stumm. Ich staune über die kleinen und großen Wunder der Natur. All meine klugen Gedanken, die Sorgen meines Alltags rücken in den Hintergrund.

Ja, Gott, du lässt mich staunen über die Wunder des Lebens. Lass mich immer offen sein zu erkennen, wie wunderbar deine Werke sind.

Stück für Stück

Schließe deine Augen
und befreie dich Stück für Stück von deiner Schale.
Lege alles, was übrig bleibt, in die Hände der Schöpfung.
Und – du wirst umhüllt von der reinen Liebe.

In der Einsamkeit, in der Stille, im In-sich-Hineinspüren, im Träumen und Bummeln, im einfach Nichtstun alles tun, was möglich und lebensnötig ist, sich selber gegenüberstehen und als Geschöpf Gottes erkennen.

Zeit

Die Jahre ziehen dahin,
schneller und schneller.
Wohin gehen sie?
Erinnerungen.

Wo sind die Tage geblieben, die sich ablösen?
Wohin gehen sie?
Erinnerungen.

Die Stunden vergehen, eine nach der anderen.
Wohin gehen sie?
Erinnerungen.

Die Minuten und Sekunden rasen dahin.
Wohin gehen sie?
Erinnerungen.

Hoffnung keimt auf.
Nichts geht verloren.
Zeit und Raum verschmelzen
in Gottes Ewigkeit.

Pläne schmieden

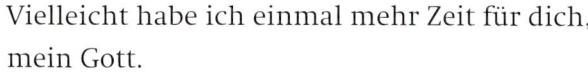

Ein Leben lang
verplant, ausgebucht, terminiert.
Jeder Tag, jeder Schritt, alles läuft.
Gut so!
Meine Planungen geben mir Sicherheit.
Ein gutes Gefühl,
Hektik und Stress gehören zum Leben.
Da muss ich durch, um Ziele zu erreichen.
Bis meine Pläne durchkreuzt werden.
Alles gerät in Unordnung.
Jede Garantie dafür, dass alles funktioniert,
wie weggeblasen.
Rastlos, ratlos, was nun?
Hilflos, warum?
Pläne, von mir gefertigt, von anderen mitbestimmt,
sinnlos verfallend.

Vielleicht habe ich einmal mehr Zeit für dich,
mein Gott.
damit ich erkenne, dass Lebenspläne wertlos
sind ohne dich.

Ich träume von einer Welt,
in der nicht der Mammon zum Gott erkoren
wird,
in der Menschen mit der Natur leben,
in der jede Generation sorgsam
mit den natürlichen Ressourcen umgeht
und in der menschliche Schwächen verziehen
werden.

Ich träume von einer Welt,

in der die Luft, die wir atmen, uns zur Freiheit wird,
in der das Wasser, das wir trinken, uns erquickt,
in der die Sonne, die wir tanken, uns ernährt,
und in der der Wind den Samen trägt, der uns belebt.

Ich träume von einer Welt,

in der Verantwortung kein leeres Gerede ist,
in der im Nächsten Gott selber entdeckt wird,
in der das Unmögliche möglich wird und
das Feuer der Liebe unsere Blindheit vertreibt.

Denn Gott sah alles an, was er gemacht hatte:
Es war sehr gut.
Sein Reich, in dem wir leben – im Reich Gottes.

GEBET FÜR KINDER

Der Himmel ist so groß und so weit.
So viel Schönes hältst du für uns bereit.
Sonne, Mond und funkelnde Sterne,
Berge, Pflanzen, Bäume und Meere.
Du schenkst der Erde das Leben.
Alles, was atmet, trägt deinen Segen.
Lieber Gott, dafür danke ich dir. Amen.

Natur und Umwelt entdecken

In der Freizeit oder während eines Urlaubs sind Naturkunde- und Umweltmuseen, Nationalparks, Baumwipfelpfade u. a. beliebte Ausflugsziele. In Touristenbüros und im Internet gibt es dazu viele Informationen. Diese kleine Auswahl zeigt, dass es viele spannende Orte gibt, an denen man die Schöpfung auf besondere Weise erleben kann.

Museum am Schölerberg in Osnabrück

In diesem Museumskomplex bieten das familiengerechte Umweltbildungszentrum, das naturkundliche Museum, das Planetarium und ein unterirdischer Zoo faszinierende Einblick in Umwelt und Natur.

> Museum am Schölerberg
> Am Schölerberg 8, D-49082 Osnabrück
> Tel.: +49 (0)541 / 5 60 03-0
> Web: www.museum-am-schoelerberg.de

Klimahaus Bremerhaven 8° Ost

Im Klimahaus können Besucher eine Reise durch Hitze und Kälte, Wüste und Tropenwald erleben. Entlang des 8. östlichen Längengrades geht es durch fünf Klimazonen: von einer Schweizer Hochgebirgsalm über Kamerun, die Antarktis, Samoa und Alaska bis ins Wattenmeer. An über 100 interaktiven Stationen können Besucher selbst experimentieren und klimaschützendes Handeln im Alltag erlernen.

> Klimahaus® Betriebsgesellschaft mbH
> Am Längengrad 8, D-27568 Bremerhaven
> Tel.: +49 (0)471 / 90 20 30-0
> Web: www.klimahaus-bremerhaven.de

Naturmuseum Senckenberg in Frankfurt/M.

Es ist eines der großen Naturkundemuseen in Deutschland und zeigt die Entwicklung der Lebewesen (Evolution), die heutige Vielfalt des Lebens (Biodiversität) und die Verwandlung unserer Erde über Jahrmillionen hinweg. Dazu gibt es wechselnde Sonderausstellungen, das Abenteuermuseum, Kinderführungen und Workshops.

> Senckenberg Forschungsinstitut
> und Naturmuseum
> Senckenberganlage 25,
> D-60325 Frankfurt am Main
> Tel.: +49 (0)69 / 7542-0
> Web: www.senckenberg.de

Deutsches Meeresmuseum in Stralsund

Das größte naturwissenschaftliche Museum an der deutschen Nord- und Ostseeküste gehört zu den fünf meistbesuchten Museen Deutschlands. Zu sehen gibt es Deutschlands größtes Meeres-schildkrötenbecken, das Hai-Aquarium sowie Ausstellungen zu Meereskunde und Meeresbiologie, Walen, Geschichte der Fischerei sowie Fauna und Flora der Ostsee.

> Deutsches Meeresmuseum
> Katharinenberg 14–20, D-18439 Stralsund
> Tel.: +49 (0)3831 / 26 50 210
> Web: www.meeresmuseum.de

Erlebniszentrum „Naturgewalten Sylt" in List

Mit interaktiven Elementen und spielerischer Wissensvermittlung zeigt die Ausstellung das Leben mit Naturgewalten, die Kraft der Nordsee, Klima, Wetter und erneuerbare Energien. Ein Flutungsmodell erklärt die Vorgänge bei Ebbe und Flut. NASA-Aufnahmen zeigen das Klimagesche-hen auf der Erde aus der Astronautenperspektive.

> Erlebniszentrum Naturgewalten Sylt
> Hafenstraße 37, D-25992 List/Sylt
> Telefon: +49 (0)4651 / 83619-0
> Internet: www.naturgewalten-sylt.de

Museum Mensch und Natur in München

Das Museum zeigt die Geschichte der Erde und des Lebens, die Vielfalt der Organismen und den Mensch als Gestalter der Natur. Interaktive Statio-nen und die Abteilung „Spielerische Naturkunde – nicht nur für Kinder" laden zur Erforschung der Natur ein.

> Museum Mensch und Natur
> Schloss Nymphenburg, D-80638 München
> Telefon: +49 (0)89 / 179589-0
> Internet: www.musmn.de/start.htm

NABU Umweltpyramide in Bremervörde

Das ungewöhnliche Pyramidengebäude (ein Niedrigenergiehaus) beheimatet die Umweltbil-dungsstation des NABU im nordöstlichen Nieder-sachsen. Neben verschiedenen Ausstellungen zu Naturthemen gibt es einen Naturerlebnispfad, die Biberburg, geführte Wanderungen sowie Tipps zum Energiesparen und zu menschen- und um-weltfreundlichem Bauen.

> NABU Umweltpyramide:
> Huddelberg 14, D-27432 Bremervörde
> Tel.:+49 (0)4761 / 71330
> Web: www.umweltpyramide.blogwerft.de

Museumsdorf Düppel bei Berlin

Auf ca. 8 Hektar Fläche können die Besucher in einem mittelalterliches Dorf inmitten von landwirtschaftlichen Nutzflächen und umgebender Landschaft erleben, wie Landwirtschaft vor 800 Jahren aussah. Neben rückgezüchteten Haustierrassen und längst vergessenen Nutzpflanzen gibt es Vorführungen alter Handwerke und landwirtschaftlicher Tätigkeiten und verschiedene Kurse, z.B. Bronzegießen.

> Museumsdorf Düppel
> Clauertstr. 11, D-14163 Berlin
> Tel.: +49 (0)30 / 802 66 71
> Web: www.dueppel.de

HAUS im MOOS in Karlshuld

Diese Umweltbildungsstätte, gelegen in Süddeutschlands größtem Niedermoor, dem Donaumoos, bietet mehrere Ausstellungen, ein großes Freigelände mit Freilichtmuseum, eine Biberauffangstation, die größte bayerische Wisentherde, Erlebnispfade, Viehweiden und Moorbiotope und eine Herberge.

> HAUS im MOOS
> Kleinhohenried 108, D-86668 Karlshuld
> Tel.: +49 (0)8454 / 95-205
> Web: www.haus-im-moos.de

Tierpark Sababurg in Hofgeismar

Der über 130 Hektar große Tierpark Sababurg, der schon 1571 gegründet wurde, zeigt heimische Wildtiere und führt in seinem Greifvogel-Flugprogramm 22 Greifvogelarten wie z.B. Weißkopfseeadler, Falke, Schwarzmilan, Uhu und Schnee-Eule vor. Außerdem gibt es eine historische Parkeisenbahn.

> Tierpark Sababurg
> Sababurg 1, D-34369 Hofgeismar
> Tel.: +49 (0)5671 / 76 64 99-0
> Web: www.tierpark-sababurg.de

Naturzentrum Eifel in Nettersheim

Archäologie, Landleben gestern und heute, Lebensräume und Kulturlandschaft sowie Energie und Klima sind auf verschiedensten Erlebnispfaden und Ausstellungen draußen und drinnen erlebbar. Besucher können im Fossilienacker graben und das Korallenriff, den Hochseilgarten, das historische Bauernhaus oder die alte Kalkbrennerei erkunden.

> Naturzentrum Eifel
> Urftstr. 2–4, D-53947 Nettersheim
> Tel.: +49 (0)2486 / 12 46
> Web: www.naturzentrum-eifel.de

Biosphärenhaus und Baumwipfelpfad in Fischbach bei Dahn

Eine interaktive Multimedia-Ausstellung informiert über Biosphärenreservate, Pflanzen und Tiere, Energie, Biologie und Ökologie und die Agenda 21. Der Wasser- und der Biosphären-Erlebnisweg bieten zahlreiche Mitmachstationen. Der 270 m lange Baumwipfelpfad führt bis auf 35 m Höhe.

Biosphärenhaus
Pfälzerwald/Nordvogesen
Am Königsbruch 1, 66996 Fischbach bei Dahn
Tel.: +49 (0)6393 / 9 21 00
Web: www.biosphaerenhaus.de

Nationalpark Niedersächsisches Wattenmeer

Im multimedialen Sturmerlebnisraum des Nationalparkzentrums in Wilhelmshaven können sich die Besucher den Wind mit Orkanstärke um die Ohren sausen lassen und die eigene Muskelkraft mit der Kraft des Windes messen. Das Brandungsbecken bietet interaktiven Einblick in das Leben von Nordseetierarten in der Gezeitenlinie.

Nationalparkzentrum Wilhelmshaven
Das Wattenmeerhaus
Südstrand 110b, 26382 Wilhelmshaven
Tel.: +49 (0)4421 / 91 07 33
Web: www.wattenmeerhaus.de

Nationalpark Jasmund auf Rügen

Direkt am berühmten Kreidefelsen Königsstuhl bietet der Nationalpark mit dem Nationalpark-Zentrum Königsstuhl eine in der Urzeit beginnende Zeitreise mit zahlreichen Exponaten zum Anfassen und Ausprobieren, viele Aquarien und einen echten Eisberg. Energiestationen, Kletterwald und Wassermatschanlage fordern die Besucher heraus, und im Multivisionskino gibt es einen 15-minütigen „Flug" über den Nationalpark.

Nationalpark-Zentrum Königsstuhl
Stubbenkammer 2, D-18546 Sassnitz
Tel.: +49 (0)38392 / 66 17 66
Web: www.koenigsstuhl.com

Baumwipfelpfad in Neuschönau

Der mit 1300 m Länge weltweit größte Baumwipfelpfad liegt im Nationalpark Bayerischer Wald und kann sogar mit Kinderwagen und Rollstuhl erkundet werden. Didaktische, erlebnis- und sinnorientierte Elemente auf dem Pfad und das Infozentrum laden zum Spielen und Erforschen ein. Vom 44 m hohen Turm aus kann man bis zu den Alpen sehen.

Baumwipfelpfad im Nationalpark
Bayrischer Wald
Böhmstraße 37, D-94556 Neuschönau
Tel.: +49 (0)8558 / 97 40 74
Web: www.baumwipfelpfad.by

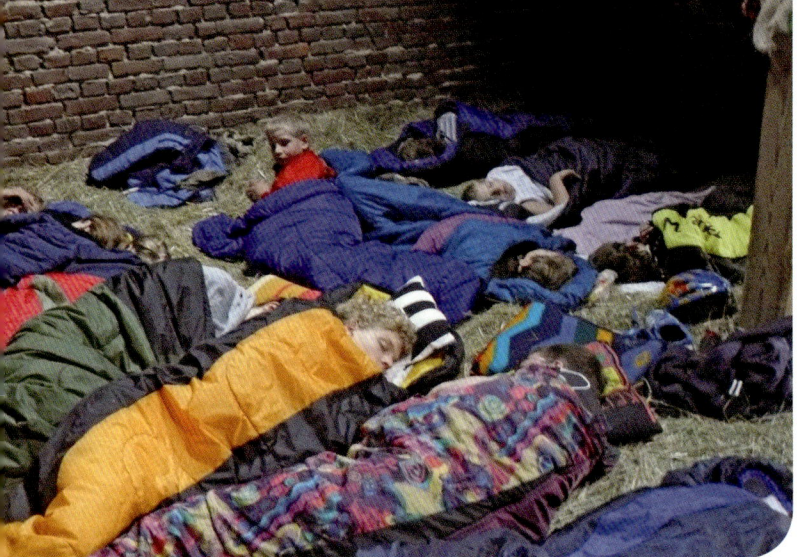

Lawinenabgangs, Tierpräparate zum Anfassen, interaktive Stationen und einen großer Stadtgarten.

> inatura Erlebnis Naturschau GmbH
> Jahngasse 9, A-6850 Dornbirn
> Tel.: +43 (0)5572 / 23 2 35
> Web: www.inatura.at

Carnica Bienenmuseum in Strau

In diesem lebendigen Museum im österreichischen Kärnten werden die Biene und die Leistungen der heimischen Imker vorgestellt. Neben ausgestellten historischen Bienenstöcken, Bienenkörben, Imkerwerkzeugen, Honigschleudern und alten Honig- und Futtergefäßen gibt es lebendige Schaustöcke und einen Bienenwanderweg.

> Carnica Bienenmuseum
> Kirschentheuer 6, A-9162 Strau
> Tel.: +43 (0)4227 / 23 28
> Web: www.bienenmuseum.net

Haus der Natur in Salzburg

Neben Ausstellungen über Kristalle, Erdgeschichte, verschiedene Lebensräume und den Menschen gibt es eine Wasserexperimentierlandschaft und interaktive Stationen, die Einblick in die Fotovoltaik und deren Anwendung sowie die Hydraulik geben.

> Verein Haus der Natur –
> Museum für Natur und Technik
> Museumsplatz 5, A-5020 Salzburg
> Tel.: +43 (0)662 / 84 26 53
> Web: www.hausdernatur.at

Heuherbergen und Lernort Bauernhof

Es gibt in Deutschland zahlreiche Heuherbergen, Heuhotels und „Lernort Bauernhof"-Einrichtungen. Hier können sich Familien oder Gruppen vom Ackerbau (Bodenbearbeitung, Pflanzung, Veredlung, Ernte) und der Viehhaltung (Nutztier- und Haustierhaltung) bis zum Arbeitsalltag einer Bauernfamilie informieren und selber Tag und Nacht miterleben. Informationen über zertifizierte Bauernhöfe sind erhältlich bei der Bundesarbeitsgemeinschaft Lernort Bauernhof e.V.

> Web: www.baglob.de

Erlebnis Naturschau inatura in Dornbirn

Die preisgekrönte inatura ist sowohl Erlebnisausstellung als auch Dokumentationszentrum über die Natur Vorarlbergs. Es gibt einen 8 m hoher Wasserfall, ein Unterwasserkino, einen nachgebildeten Dachsbau, die Rundum-Projektion eines

Baumkronenweg in Kopfing

Der Baumkronenweg im oberösterreichischen Kopfing bietet einen Ausblick in das Innviertel, Bayern und das Salzkammergut. Er ist Teil des 2,5 km lange Rundwegs, auf dem mehr als 30 Erlebnisstationen auf spielerische Weise für Wissenszuwachs, Bewegung und eine gehörige Portion Spaß sorgen. Hier kann man sogar in echten Baumhäusern übernachten.

> Baumkronenweg
> Knechtelsdorf 1, A-4794 Kopfing im Innkreis
> Tel.: +43 (0)7763 / 22 89
> Web: www.baumkronenweg.at

Schweizerischer Nationalpark

Im Nationalparkzentrum in Zernez können die Besucher in interaktiven Ausstellungen und auf Erlebnispfaden den Nationalpark mit seiner Tier- und Pflanzenwelt, ökologische Zusammenhänge, Überlebensstrategien von Tieren und das Zusammenleben von Mensch und Tier erkunden.

> Besucherzentrum Zernez
> CH-7530 Zernez
> Tel. +41 (0)81 851 41 41
> Web: www.nationalpark.ch

Bergbau- und Bärenmuseum Schmelzra in S-charl

Das Museum beherbergt eine Bergbauausstellung, zu der auch eine Stollenbesichtigung gehört, und informiert auf dem Bärenerlebnisweg an verschiedenen interaktiven Stationen über Vergangenheit, die Lebensweise, die Biologie und die mögliche Rückkehr der Braunbären.

> Bergbau- und Bärenmuseum Schmelzra
> S-charl, CH-7550 Scuol
> Tel. +41 (0) 81 864 86 77
> Web: www.nationalpark.ch/
> go/de/besuchen/museum-schmelzra

Natur-Museums in Luzern

Zahlreiche Präparate, Aquarien und Terrarien zeigen die Tier- und Pflanzenwelt der Zentralschweiz. Klimaforschung und Erdwissenschaften sind weitere Schwerpunkte. Im Naturlabor können die Besucher selbst aktiv werden.

> Natur-Museum Luzern
> Kasernenplatz 6, CH-6003 Luzern
> Telefon: +41 (0) 41 / 228 54 11
> www.naturmuseum.ch

Internetseiten

http://www.kirchliche-umweltberatung.de/
http://www.zukunft-einkaufen.de/
http://www.kircheundgesellschaft.de/
umweltreferat/index.htm

Bibliografische Information der Deutschen Nationalbibliothek
Die Deutsche Nationalbibliothek verzeichnet diese Publikation in der Deutschen Nationalbibliografie; detaillierte bibliografische Informationen sind im Internet über http://dnb.d-nb.de abrufbar.

Textnachweis:

Alle Bibeltexte: Einheitsübersetzung der Heiligen Schrift, © 1980 Katholische Bibelanstalt, Stuttgart.
S.10: © Margot Käßmann, Abschlussgottesdienst der 3. Europäischen Ökumenischen Versammlung in Sibiu am 9. September 2007.
S.26: © Wilfried Schumacher, Predigt zu Pfingsten 2008, © Bonner Münster Bonn
S.46: Aus Jörg Zink, Quellen einfachen Lebens, S.110-123, © Verlag Kreuz GmbH, Stuttgart, 2007
S.92/93: © Ravinder Salooja, Predigt vom 6. Mai 2001
S.108/109: Chiara Lubich, Quelle: Zeitschrift NEUE STADT, 46.Jg., Nr. 7+8/2003 (Juli/August), 11–12. © Verlag Neue Stadt, München.
S.120: © Joachim Wanke, Bibelarbeit zu Genesis / 1. Mose 1,26–2,3 am 31. Mai 2003 beim Ökumenischen Kirchentag in Berlin.
S.124: aus: Lothar Zenetti, Die wunderbare Zeitvermehrung, Sankt Ulrich Verlag/Wewel Augsburg (www.sankt-ulrich-verlag.de)

Fotonachweis:

S.6, 89 o: © Dmitry Pichugin / fotolia.com
S. 7: Fotograf: Matthias Lüdecke
S. 11: © Mike Liu / shutterstock
S. 12: © Uta Herbert / Pixelio
S. 13: © photlook / fotolia.com
S. 14 o: © by-studio / fotolia.com
S.14 u, 34: © Thommy Weiss / Pixelio
S. 15 o, 30 o: © Stephanie Hofschlaeger / Pixelio
S.15 u: Thaut Images / fotolia.com
S. 16: © Patrycja Zadros / fotolia.com
S.17: © ChantalS / fotolia.com (o)
S.17: © Alain Lavanchy / fotolia.com (u)
S. 18: © julien tromeur / fotolia.com
S. 19: © Zsolt Nyulaszi / shutterstock
S. 20: © Kalle Kolodziej / fotolia.com
S. 21: © Elenathewise / fotolia.com
S. 22: © kladu / Pixelio; © Rolf Plühmer / Pixelio; © waldbewohner / fotolia.com; ©Kurt Michel / Pixelio (von re nach li)
S. 23, 88 o: © Pankraz / fotolia.com
S. 28: © Thorben Wengert / Pixelio (li); © negrobike / fotolia.com
S. 29: © Sergey Tokarev / fotolia.com
S. 30: Monkey Business Images / shutterstock (u)
S. 32: © Sebastian Staendecke ideas ahead / Pixelio
S. 33: © Netzer Johannes / fotolia.com (u)
S. 35 li: Dark Vectorangel / fotolia.com
S. 37: MaaszaS / shutterstock
S. 38: © Carlos Caetano / fotolia.com
S. 39: © creativeye97 / fotolia.com
S.40 o li: © by-studio / fotolia.com
S.40 o re: © Colorsky / fotolia.com
S. 40 u: © S-BELOV / shutterstock
S. 41: © BestPhoto1 / shutterstock

S. 43, 115: © Pavel Losevsky / fotolia.com
S. 48: © ANK / fotolia.com
S.49: © mettus / fotolia.com
S.50: © imageteam / fotolia.com
S. 52 o:©Rony Zmiri / fotolia.com
S.53: © panthesja / fotolia.com
S.54: © szefei / fotolia.com
S.55 o:©Stephen VanHorn / fotolia.com
S.55 M: © Ian O'Hanlon / fotolia.com
S.55 u: © Phase4Photography / fotolia.com
S.56: © Phil Daub / fotolia.com
S.57 o: © felinda / fotolia.com
S.57 u: © RICO / fotolia.com
S. 60 o: © DeVIce / fotolia.com
S.60 u: © Sabine Immken / fotolia.com
S.61 li: © Miroslav Tolimir / fotolia.com
S.61 re: © yamix / fotolia.com
S.62: © KaYann / fotolia.com
S.63 o: © Uros Petrovic / fotolia.com
S.63 u: © Ivonne Wierink / fotolia.com
S.64 o li: © Spectral-Design / fotolia.com
S. 64 o re: © Matthew Cole / fotolia.com
S.64/65 u: © Gelpi / shutterstock
S.65 o: © Elena Kalistratova / fotolia.com
S.66 u: © Silviu G. Halmaghi / fotolia.com
S.67 li: © Food / fotolia.com
S.67 re: © Stephen Coburn / fotolia.com
S.68 o: © Heino Pattschull / fotolia.com
S.68 u: © Gina Sanders / fotolia.com
S.69: © Roman Milert / fotolia.com
S. 71 o: © Sandra Cunningham / fotolia.com
S.71 u: © Finetti / fotolia.com
S.72/73: © PaulPaladin / fotolia.com
S.76: © Pugstudio / fotolia.com
S.77 re: © Alexander Maier / fotolia.com
S.78: © LosRobsos / fotolia.com
S.79: © SolarWorld AG
S.81: © Anson / fotolia.com
S.82: © Sergey / fotolia.com
S.83: © Sunnydays / fotolia.com
S.84 o: © emmi / fotolia.com
S.84 u: © Olga Solovei / fotolia.com
S.85 o: © UBE / fotolia.com
S.85 u: © AKS / fotolia.com
S.86, 133: © Yuri Arcurs / shutterstock
S.87 li: © Phototom / fotolia.com
S.88 u: © Beata Becla / shutterstock
S.89: © Torian / fotolia.com
S.90/91: © Oxana Zuboff / shutterstock
S.92: © yannick vincent / fotolia.com
S.93 o: © Alexander / fotolia.com

S.93 u li: © Alex Bramwell / fotolia.com
S.93 u re, S.89 o, S.99 u: © Eric Isselée / fotolia.com
S.94 o li, 119: © Julie Hagan / fotolia.com
S.94 u: © Juan Jose Gutierrez Barrow / fotolia.com
S.95, 111 o: © Ernst Rose / Pixelio
S.96: © womue / fotolia.com
S.97: © OSAKA JAPAN / fotolia.com
S.98 u: © Principal / fotolia.com
S.99 o: © Stana / shutterstock
S.100 o: © Stockcity / fotolia.com
S.100 li: © Ashley Whitworth / fotolia.com
S.100 u: © Cmon / fotolia.com
S.101 o: © Jean-Michel LECLERCQ / fotolia.com
S.102 o: © JPW. Peters / Pixelio
S.102 u: © M. Großmann / Pixelio
S.103 o: © S. Thomas / Pixelio
S.103 u: © Stefan Laqua / Pixelio
S.104: © Son Tran Hoang / fotolia.com
S.105: © Sepsiwai / fotolia.com
S.107: © Monkey Business Images / shutterstock
S.108: © Jozef Sedmak / shutterstock
S.109: © Dmitry Shironosov / shutterstock
S.110: © KCpixs / fotolia.com
S.111 u: © monique delatour / fotolia.com
S.112 o: © Kirill Kurashov / fotolia.com
S.112 u: © vita khorzhevska / shutterstock
S.114: © Irina Fischer / fotolia.com
S.116 o: © OxfordSquare / fotolia.com
S.116 u: © Marzanna Syncerz / fotolia.com
S.117 o: © Stjepan Banovic / fotolia.com
S.117 u: © Christine Lamour / fotolia.com
S.118/119: © Markus Gann / shutterstock
S.123 u: © Ray Kasprzak / fotolia.com
S.126 o: © Alena Ozerova / shutterstock
S.127: © Tripod / fotolia.com
S.128 o: © MAXFX / fotolia.com
S.128 u, 129: © MANDY GODBEHEAR / shutterstock
S.130: © Jaroslaw Grudzinski / shutterstock
S.131: © David Kelly / fotolia.com
S.132 o: © Rido / fotolia.com
S.132 u: © Angela / fotolia.com
S.134 o: © drizzd / fotolia.com
S.134 u: © Kzenon / shutterstock
S.135: © Maceo / fotolia.com
S.136: © Klimahaus Bremerhaven
S.137: © Karl-Heinz Gottschalk (goka)/Pixelio
S.138: © Barefoot / fotolia.com
S.139: © Marci Barnebeck (Telemarco) / Pixelio
S.140: © Melanie Jans, www.boescherhof.de
S.141: © Jens Klingebiel / fotolia.com

Besuchen Sie uns im Internet:
www.st-benno.de

ISBN 978-3-7462-2910-2

© St. Benno-Verlag GmbH
    Stammerstr. 11, 04159 Leipzig
Umschlaggestaltung: Ulrike Vetter, Leipzig, unter Verwendung eines Fotos von © mauritius images / Juice Images
Illustrationen: Ursula Harper, München
Gesamtherstellung: Arnold & Domnick, Leipzig (A)

Mix
Produktgruppe aus vorbildlich bewirtschafteten Wäldern, kontrollierten Herkünften und Recyclingholz oder -fasern
www.fsc.org Zert.-Nr. SGS-COC-004278
© 1996 Forest Stewardship Council